길가메시 서사시

N.K. 샌다즈 지음/ 이현주 옮김

범우사

차 례

■ 이 책을 읽는 분에게 · 5
　프롤로그 · 11

1. 엔키두와의 만남 · 15
2. 숲 속의 여행 · 31
3. 길가메시와 이시타르 그리고 엔키두의 죽음 · 55
4. 영원한 생명을 찾아서 · 75
5. 홍수 이야기 · 91
6. 귀향 · 101
7. 길가메시의 죽음 · 109

□ 해설 / 〈길가메시 서사시〉의 영웅 서사시적 가치 · 115

■ 이 책을 읽는 분에게

 이 희귀한 고전 《길가메시 서사시》를 이제야 읽게 됨은 늦은 감이 없지 않다. 이것은 처음 기록된 연대를 역사적으로 정확하게 지적할 수조차 없을 만큼 오래 된 것이다. 학자들은 유명한 호메로스(Homeros)의 서사시보다 약 1천 5백 년 정도 앞선 것으로 추정하고 있다.
 언제 어디서나 그렇지만 고전(古典)을 읽는 마음은 일종의 회귀 본능(回歸本能)이라고 생각된다. 원초(原初)의 세계로 달리는 마음은 인류 생존이 시작된 이래 한결같이 인간의 내부 깊은 곳에서 작용하였고, 그것의 표현이 제의(祭儀)요, 신화(神話)인 것이다. 신화는 '이야기'이다. 이야기가 갖는 인간 구원의 기능은 최근 신학자(神學者)들에 의해(주로 샘 키인) 재확인되고 있지만, 특히 삭막한 기계 문명의 메커니즘에 빠져 있는 현대인에게는 그야말로 '아무리 강조해도 모자란' 것이다. 할머니 무릎을 베고 듣던 옛날 이야기, 그것의 회복과 의미 부여는 바로 오늘의 딜레마를 푸는 열쇠가 될 것이다. 왜냐하면 이야기란 그것이 천박한, 소위 '작가'들이 꾸며낸 것이 아닌 이상 '옛날에 옛날에……'로 시작되게 마련이고, 그럼으로써 듣는 자를 원초의 세계로 이끌어가며 '원초로의 부단한 복귀'에서 우리는 인간 구원의 가능성을 볼 수 있기 때문이다.

《길가메시 서사시》는 기원전 3000년경 메소포타미아의 도시국가 우룩을 다스린 위대한 왕 길가메시의 이야기이다. 그 안에는 인간의 문명에 항거하는 투쟁과 우정, 사랑, 모험의 파노라마가 펼쳐진다. 무릇 모든 '이야기'가 다 그렇지만 이《길가메시 서사시》도 읽는 이의 입장에 따라 여러 가지로 해석될 수 있을 것이다. 그러나 분명한 것은 그것이 '인간'의 이야기이며, 생명·죽음·연애·투쟁 등 궁극적인 문제를 테마로 하여 엮어졌다는 사실, 그리고 아마도 인간 최고(最古)의 기록일지도 모른다는 점에 기인하는 신비스러움이 행간(行間)에 연면히 흐른다는 점이다.

《길가메시 서사시》의 내용에 관해 길게 설명할 생각은 없다. 그것은 참으로 무익한 시간 낭비일 뿐이다. 독자들이 직접 이야기 속으로 뛰어들어가 보기 바란다. 아마 적어도 두세 번은 이야기를 듣는 기분으로 다시 읽게 될 것이다.

텍스트로는 1960년 펭귄판 고전 문고를 사용했다. N.K. 샌다즈(N.K. Sandars)가 영문으로 판독한 이 책은 초판이 나온 이래 계속 중판을 거듭하고 있다. 판독하고 해설까지 붙인 샌다즈는 런던 대학에서 고고학을 전공한 여류 학자로서 중근동 지방을 폭넓게 답사하고 그 지방의 고고학에 관계된 서적을 많이 집필하고 있다.

길가메시 서사시

역자는 미미한 신학도(神學徒)의 한 사람으로서 서투른 솜씨로나마 이 중요한 책을 번역하게 된 데 대해 분에 넘친 영광스러움을 느끼며, 동시에 그만큼의 심적 부담을 어찌할 수 없다. 아울러 양심적인 출판을 위해 애쓰는 범우사의 고전 시리즈로 이 책이 출판됨을 자랑스럽게 여긴다.

譯者

길가메시 서사시

니넵의 아슈르바니팔 왕궁 서고에서 출토된 길가메시 서사시

프롤로그
—— 우룩의 길가메시 왕 ——

 지금부터 길가메시[1]의 행적을 알리노라. 그는 모든 것을 알았고, 세상 모든 나라를 알았던 왕이다. 슬기로왔으며, 신비로운 사실을 보았고, 신들만 알던 비밀을 알아내었고, 홍수 전에 있었던 세상에 대해 우리에게 알려주었도다. 그는 긴 여행 끝에 피곤

태양의 신 샤마시

자신의 신성한 황소 위에 서 있는 폭풍의 신 아닷 앞의 숭배자를 나타내는 옥수인장(玉髓印章)의 날인. 사람 머리를 한 날개 달린 황소들의 성전 옆에 있다.

하고 힘든 일에 지쳐 돌아와 쉬는 중에 이 모든 이야기를 돌 위에 새겼노라.

신(神)들은 길가메시를 창조할 때 그에게 완전한 육체를 주었으니, 즉 위대한 태양의 신 샤마시(Shamash)는 그에게 아름다움을 주었고 폭풍의 신 아닷(Adad)은 용기를 불어넣어 주었으며,

---

1) 이 서사시의 주인공. 닌순과 제사장 쿨랍 사이에서 태어났다. 홍수 이후 제 5대 왕으로 우룩을 통치하였고, 위대한 건축가와 사자(死者)의 심판관으로 유명하다.

2) 수메르에서는 우투(Utu)라고 하며 태양을 의미한다. 수메르인들에겐 최고 심판관이며 법률을 준 신으로 여겨진다. 셈족들에겐 빛나는 전승자(戰勝者)이며 지혜의 신으로서 신(Sin)의 아들이나 '그의 아버지보다 더 위대한 신'으로 알려져 있다. 그는 이시타르의 오빠이자 남편인데 냉철한 판단을 내리는 날카로운 '톱'으로도 표현된다. 이 시에서 샤마시는 신을 의미하기도 하지만 단지 태양을 지칭하기도 한다.

그 외의 많은 신들이 그에게 거대한 들소처럼 강한 힘을 주어 보통 사람들을 능가하게 하였도다. 3분의 2는 신이요, 3분의 1은 인간으로 만들었도다.

그는 우룩(Uruk)에 담들과 거대한 성벽을 쌓았노라. 그리고 대지(大地)의 신 아누(Anu)와 사랑의 여신 이시타르(Ishtar)를 위해 아름다운 에아나(Eanna)의 신전을 세웠노라. 지금도 볼 수 있으니, 바깥 벽은 구리의 광채를 띠며 번쩍이고 안 벽도 마찬가지라. 이와 같은 성벽은 다시 없으리로다. 사랑과 전쟁의 여신 이시타르가 살고 있는 에아나에 가볼지어다. 후대의 어느 왕이, 어느 인간이 그와 같은 신전을 지을 수 있으랴! 우룩의 성벽에 올라가 볼지어다. 그리고 성벽을 따라 걸어 볼지어다. 다시 말하건대, 그 토대(土臺)와 석공술(石工術)을 살펴볼지어다. 구운 벽

---

3) 폭풍과 폭우·날씨의 신.

4) 성경에서는 에렉(Erech)이라 하며 현재의 와르카(Warka)로 화라(슈루루팍)와 우르 사이에 위치함. 발굴 결과 이 도시는 초기부터 중요한 도시였음이 밝혀졌으며 아누와 이시타르의 신전이 있던 곳이다. 전통적으로 키시의 적대국이 되어 왔으며 홍수 이후 다섯 번째 왕인 길가메시가 다스린 곳이다.

5) 수메르에서는 안(An)이라고 불린다. 신들의 아버지이며 대지(大地)의 신으로 '가장 높은' 위치를 차지하고 있다. 수메르 우주 발생 설화에 의하면 태초에 바다 속에서 하늘(An)과 땅(Ki)으로 이루어진 우주적 산이 태어났다. 그런데 엔릴이 그들을 떼어놓고 '안'은 하늘을, '엔릴'은 땅을 차지한다. 아누는 점점 뒤쪽으로 은퇴한다. 우룩에서는 중요한 역할을 하고 있다.

6) 수메르에서는 이난나(Inanna)로 불린다. 사랑과 풍요의 여신. 전쟁의 여신으로도 불리며 하늘의 여왕 노릇을 한다. 아누의 딸로서 자기의 신전이 있는 우룩의 수호신이다.

7) 우룩에 있는 아누와 이시타르를 위한 성전의 성가대

돌인데도 훌륭하지 아니한가? 일곱 성현(聖賢)들이 그 기초를 놓았도다.

1. 엔키두와의 만남

1. 엔키두와의 만남

 길가메시는 세상을 이리저리 돌아다녔다. 우룩에 오기까지 그는 그의 힘을 당해 낼 상대를 만날 수가 없었다. 그러나 우룩의 백성들은 불평하였다.
 "길가메시는 자신의 쾌락을 위해 종(鐘)을 울린다. 그의 방자함은 밤낮으로 끝이 없구나. 그가 아이들까지 모두 빼앗아 가니 아들이 아버지 곁에 남아 있질 못한다. 왕은 그 백성들의 목자여야 하건만 군인의 딸이건, 대신의 아내이건 가리지 않고 빼앗아 자기의 색욕을 만족시키니 처녀들이 애인의 곁에 남아 있을 수 없게 되었다. 그러나 그가 바로 슬기롭고, 관대하고, 단호한 도시의 목자란다."
 신들은 그들의 호소를 들었다. 하늘에서 신들은 우룩의 주인, 우룩의 신 아누에게 따졌다.
 "한 여신이 그를 야만인의 황소처럼 만들어 아무도 그와 대적할 수 없게 만들었다. 아들이 아버지 곁에 남아있질 못하니 이는 길가메시가 빼앗아가기 때문이다. 이 자가 왕인가? 이 자가 백성의 목자인가? 그의 색욕은 애인의 곁에 처녀를 남겨두지 않고 군인의 딸도 대신의 딸도 가리지 않는다."

아누가 백성들의 호소를 들었을 때, 신들은 창조의 여신 아루루(Aruru)에게 부탁하였다.

"오! 아루루여, 그대가 그를 창조하였으니 이제 그의 짝을 만들라. 그와 똑같은 모습으로 만들어 그의 두 번째 자아가 되게 하라. 폭풍 같은 가슴엔 폭풍 같은 가슴으로 맞서게 하라. 그들이 서로 만족하여 우룩을 조용하게 두도록."

그리하여 여신은 마음속에 한 형상을 그렸다. 그것은 고집불통 아누의 모습이었다. 그녀가 물 속에 손을 담가 진흙을 움켜내어 광야에 뿌리니 거기에서 위대한 엔키두(Enkidu)가 태어나게 되었다. 그는 전쟁의 신 니누르타(Ninurta)의 거친 성격을 그대로 지니고 있었다. 거친 몸뚱이에 여자처럼 긴 머리칼을 갖고 있었는데, 그 긴 머리칼을 곡식의 여신 니사바(Nisaba)의 머리칼처럼 흘러내렸다. 온몸은 목축의 신 사무칸(Samuqan)의 머리처럼 곱슬곱슬한 털로 덮여 있었다. 그는 순진한 인간이었다. 문명의 세계에 대해선 아무것도 모르고 있었다.

엔키두는 영양(羚羊)떼와 같이 언덕에서 풀을 뜯어먹고 짐승

---

1) 창조의 여신. 아누의 형상을 따라 진흙으로 엔키두를 창조했다.

2) 창조의 여신 아루루에 의해 천신 아누의 본질과 형상을 본따고, 전쟁신 니누르타의 성격을 모방하여 진흙으로 만들어졌다. 길가메시의 동료로서 자연인의 난폭한 성격을 지니고 있으나 후에는 동물의 수호자 또는 수호신으로 여겨진다.

3) 닝기르수의 나중 이름. 투사이며 전쟁의 신이다. 전령자(傳令者),남풍의 신, 우물과 관개의 신이기도 하다. 한 시에 의하면 그는 지하 세계의 사나운 파도를 막고 여러 괴물을 정복한 것으로 되어 있다.

들과 함께 물 웅덩이 속에 숨어 지냈다. 그는 짐승들과 즐겨 물장난을 했다. 그러던 어느 날, 그는 덫을 놓는 사냥꾼과 우물가에서 마주치게 되었다. 그 사냥꾼은 동물들이 자기 땅을 넘어들어오므로 덫을 놓았던 것이다. 계속 사흘 동안 서로 마주쳤다. 사냥꾼은 공포에 질려버렸다. 그는 잡은 동물을 끌고 집으로 들어갔으나 공포에 질려 말문이 막혀버렸다. 긴 여행을 한 사람처럼 얼굴이 변하였다. 떨리는 가슴을 안고 그는 자기 아버지에게 사실을 고했다.

"아버님, 저쪽에 한 사람이 있는데, 그는 우리를 닮지 않았습니다. 그는 언덕에서 내려옵니다. 그의 힘을 당해낼 자는 없을 겁니다. 하늘에서 내려온 신인지도 몰라요. 그는 동물들과 함께 언덕을 돌아다니며 풀을 뜯어먹습니다. 제가 파놓은 구덩이를 모두 메워버리고 덫도 부수어 동물들을 풀어 주었어요. 그 바람에 모두 놓치고 말았습니다."

그의 아버지는 입을 열어 아들에게 일러주었다.

"내 아들아, 우룩에 가면 길가메시라는 자가 있다. 아직까지 그를 누른 자가 없었지. 그는 하늘의 별처럼 강하단다. 우룩에 가서 길가메시를 만나 그 야만인의 이야기를 해주려무나. 그리고 그에게 사랑의 신전에서 일하는 창녀 한 명만 보내달라고 부탁하여라. 그녀를 데려다가 여자의 힘으로 그를 꺾어 보자. 그녀를 발가벗겨 세워 두면 그가 그녀를 보는 순간 끌어안을 것이고 그렇게 되면 동물들은 그를 받아들이지 않을 것이다."

그리하여 사냥꾼은 우룩을 향해 길을 떠났다. 그리고 길가메시를 만나자,

새끼사자를 안고 있는 길가메시

"보통 인간과 다른 남자가 숲 속에 있습니다. 하늘의 별처럼 강한 그에게 아무도 감히 접근을 못한답니다. 그가 제 사냥감들을 풀어 주고 구덩이를 메우고 덫을 부숴버렸습니다."
하고 고했다. 그러자 길가메시는,
"사냥꾼이여, 쾌락의 아이 창녀를 데리고 돌아가거라. 그녀가 우물가에서 옷을 벗고 있으면 그자가 그녀를 본 순간 그녀를 끌어안게 될 것이고, 그렇게 되면 동물들이 분명 그를 꺼려할 것이다."
하고 말했다.
 사냥꾼은 마침내 창녀를 데리고 돌아왔다. 그들은 사흘이 걸려 우물에 당도하자 거기에 앉아 얼굴을 마주보며 엔키두가 오기를 기다렸다. 이틀을 꼬박 앉아서 기다렸다. 사흘째 되는 날 비로소 동물떼가 나타났다. 그들이 물을 마시려고 언덕을 내려올 때 엔키두도 그 속에 끼여 있었다. 작은 동물들은 물을 좋아했다. 숲 속에서 태어나 영양들과 어울려 풀을 뜯어먹고 자란 엔키두도 역시 물을 좋아했다. 그때 창녀가 멀리 숲으로부터 내려온 야만인 엔키두를 보았다. 사냥꾼이 그녀에게 속삭였다.
"저기 그가 내려오고 있다. 여인이여, 지금 이때다. 가슴을 드러내 놓고 부끄러워하지 말라. 주저하지 말고 그의 사랑을 받아들이라. 그대의 알몸을 그에게 보여 그로 하여금 그대를 소유하게 하라. 그가 가까이 오면 스스로 옷을 벗고 그와 함께 누워라. 저 야만인을 그대의 솜씨로 가르쳐라. 그로 하여금 그대에게 사랑을 고백하게 만들어 지금까지 숲에서 함께 살던 그의 동물들이 그를 꺼리도록 만들어라."

그녀는 아무 부끄러움 없이 그를 맞아들였다. 스스로 옷을 벗고 그의 타는 듯한 열정을 받아들였다. 그녀 위에서 머뭇거리는 그에게 그녀는 여인의 기술을 가르쳐주었다. 여섯 낮과 일곱 밤을 그들은 함께 누워 있었다.

그동안 그는 숲속에 있는 집을 잊고 있었다. 그러나 이제는 싫증이 났다. 그는 다시 동물들에게로 돌아갔다. 그러나 영양들을 비롯한 모든 동물들은 그를 보자 뛰어나갔다. 그도 같이 뛰어가려 했으나 그의 몸은 마치 끈으로 묶어 놓은 것 같았고, 뛰려는 순간 무릎을 삐고 말았다. 그의 날램도 사라져버렸다. 동물들은 모두 도망가고 그는 점점 야위어갔다. 왜냐하면 이제 그의 머릿속엔 지혜가 자리잡게 되었고 가슴속엔 인간의 생각이 자리잡게 되었기 때문이다. 그는 돌아와 여인의 발치에 앉아 그녀의 속삭임을 열심히 들었다.

"당신은 현명해요, 엔키두. 이제 당신은 신같이 될 수 있어요. 왜 숲에서 저따위 동물들과 함께 바보처럼 뛰어다니고만 싶어하죠? 나와 같이 가세요. 당신을 우룩에 모시고 가서 이시타르와 아누의 신전, 사랑과 하늘의 신전으로 모실게요. 거기엔 길가메시라는 사람이 사는데, 아주 힘이 세어 황소처럼 백성들 위에 군림하고 있답니다."

그녀가 이런 말을 할 때, 엔키두는 즐거웠다. 그는 친구를, 자기의 심정을 이해해 줄 친구를 바라고 있었다.

"좋다, 여인이여, 나를 그 신전으로, 이시타르와 아누의 집으로, 길가메시가 백성을 다스리는 그곳으로 데려다 다오. 그와 힘을 겨루어 보겠다. 그리고 우룩에 가서 큰 소리로 '내가 제일 강하다! 나는 옛 질서를 바꾸려고 이곳에 왔노라. 나는 숲에서 태어났다. 나는 모든 자 중의 제일 강한 자로다!'라고 외치리라."
 그녀도 맞장구쳤다.
 "가세요. 내가 길가메시에게 모셔다 드리지요. 난 길가메시가 어디 있는지 알고 있어요. 엔키두, 그곳에선 모든 사람들이 호화로운 옷을 입고 있답니다. 매일매일 즐거운 축제가 벌어지고 젊은 사내들과 처녀들은 볼수록 아름답지요. 아! 그들의 달콤한 향기! 모든 자들이 침대에서 일어날 거예요. 오! 엔키두여, 당신은 삶을 사랑하시니, 변화무쌍한 인물 길가메시를 보여드리리다. 당신은 그에게서 남성의 불 같은 성격을 보시게 될 거예요. 그의 육체는 완벽하고 밤이나 낮이나 쉬는 적이 없지요. 그는 당신보다 강해요. 그러니 당신은 자만을 버리세요. 위대한 태양의 신 샤마시가 그를 돌보고 있답니다. 하늘에 사는 아누, 엔릴(Enlil)⁾, 그리고 지혜의 신 에아(Ea)⁾가 그에게 심오한 통찰력을 주었지요. 당신이 숲을 떠나기 이전에 이미 길가메시는 당신이 오리라는 것을 꿈속에서 보았을 거예요."

---

 4) 땅, 대기와 바람, 궁극적인 영혼의 신으로 아누를 축출하였다. 수메르 우주 발생 설화에서 그는 하늘과 땅의 결합으로부터 태어나는데 이 둘을 갈라 놓고 그는 땅을 차지한다. 후에 최고의 신으로 대접받으며 니푸르의 수호신이다.
 5) 수메르에서는 엔키(Enki)라고 불린다. 잔잔한 파도와 지혜의 신. 예술을 사랑하며 인간을 창조한 신 중의 하나로서, 언제나 인간 편에 선다. 그의 신전은 에리두에 있는데, 그곳 '깊숙한 곳에' 살고 있다. 그의 족보는 불분명하나 아누의 자손으로 추측된다.

어깨에서 물과 물고기가 흘러나오는 에아 신. 에아 신의 왼쪽에 두 얼굴을 한 시종과 오른쪽에 새 한 마리(아마도 안주) 그리고 태양신 샤마시 위에 한쪽 날개를 한 이슈타르를 나타내고 있는 녹옥 인장(錄玉印章)의 날개

그때 길가메시는 그의 어머니이며 슬기로운 신 중의 하나인 닌순(Ninsun)[6]에게 꿈 이야기를 하러 올라갔다.

"어머니, 어젯밤 꿈을 꾸었답니다. 저는 기쁨에 겨워 젊은 영웅들에게 둘러싸인 채 창공의 별들 아래를 거닐고 있었어요. 그때 아누를 닮은 한 별이 하늘에서 떨어졌어요. 그것을 주우려 했으나 너무나도 무거웠어요. 모든 우룩의 백성들이 나와서 서로 밀어 대면서 구경하고 재신(宰臣)들은 그의 발에 입을 맞추었어요. 그것은 여인과 같은 매력으로 나를 끌어당겼어요. 여러 사람의 도움을 받아 이마를 가죽 끈으로 매어 가까스로 일으켜 세웠어요. 그리고 그것을 어머니께 가져오니 어머니께서는 그가 저와 형제라고 일러주셨어요."

그러자 자애스럽고 슬기로운 닌순이 길가메시에게 사실을 일

---

6) 길가메시의 어머니. 비교적 중요하지 않은 여신으로 우룩에 집이 있다. 루굴반다의 아내.

러주었다.

"하늘에서 유성처럼 떨어진 이 별 — 네가 일으키려 애썼으나 너무 무거웠고, 또 옮기려 했을 때 꿈쩍하지 않았으며, 이제 내 앞에 가져온 이 별은, 내가 너를 위해 만든 것이다. 그는 너를 자극하고 충동하여 너는 마치 여자에게 끌리듯 그에게 빠질 것이다. 그는 곤경에 빠진 친구에게 도움을 주는 힘센 친구가 될 것이다. 그는 아누를 닮았고 아주 강한 힘을 지니고 있다. 광야에서 태어나 거친 숲 속에서 자랐다. 그를 보는 순간 너는 기뻐할 것이고, 마치 여인을 사랑하듯 그를 대할 것이며, 그는 너를 배반하지 않을 것이다. 이것이 네가 꾼 꿈의 뜻이다."

길가메시는 또 말했다.

"어머니, 그런데 두 번째 꿈을 또 꾸었어요. 튼튼한 우룩의 성벽 위에 도끼 한 자루가 놓여 있었어요. 그 모양이 신기해 사람들이 모여들었어요. 그것을 보고 저도 기뻐했죠. 저는 엎드려 공손히 허리를 굽혔어요. 마치 여인을 다루듯 소중히 그것을 주워 제 옆구리에 찼어요."

닌순은 다시 대답해 주었다. "여인의 사랑처럼 너를 매혹시킨 그 도끼는 내가 네게 주는 동료다. 그는 하늘의 신들 같은 강한 힘을 지니고 네게 올 것이다. 그는 위험에 직면한 친구를 구해 줄 용감한 동반자가 될 것이다."

그때 길가메시가 다시 입을 열어 말했다.

"엔릴이 보낸 사람이 나를 찾아와 도움을 청하는군요. 제가 그를 만나 자세히 일러주겠어요." 그래서 길가메시는 창녀에게 자기의 꿈 이야기를 들려주었고, 창녀는 다시 그것을 엔키두에게 들려주었다.
 그녀는 엔키두에게
 "제가 당신을 처음 보았을 때 당신은 마치 신같이 보였어요. 왜 아직도 언덕과 숲에서 동물들과 뛰놀던 때를 그리워하는 거죠? 땅에서 일어나세요, 이런 곳은 목자들이나 눕는 곳이에요"
하고 다정하게 속삭였다. 그는 주의 깊게 그녀의 말을 듣고 있었다. 그녀의 얘기는 진심에서 우러나온 충고였다. 그녀는 자기의 옷을 둘로 나누어 한쪽으로 그의 몸을 가리고 다른 한쪽으로 자신의 몸을 가렸다. 그리고 마치 어린아이를 데리고 가듯 그의 손을 잡고 목장으로 가서 천막 속으로 들어갔다. 그곳에 있던 목자들이 그를 보려고 몰려왔다. 그들이 그에게 빵을 내밀었으나, 엔키두는 다만 들짐승의 젖을 빨 줄 알 뿐이었다. 그는 무엇을 해야 할지, 빵은 어떻게 먹는 것인지, 독한 술을 어떻게 마시는 것인지 알지 못하여 쩔쩔매면서 하품만 하였다. 그때 여인이,
 "엔키두, 이 빵을 먹어 봐요. 생명을 지탱해 주는 것이에요. 그리고 술도 마셔 봐요. 그게 이곳의 풍습이랍니다."
하고 빵과 술을 권하였다. 그는 결국 배부르도록 먹고 독한 술을 일곱 잔이나 마셨다. 그러자 기분이 유쾌해지며 가슴이 벅차오르고 얼굴이 붉어졌다. 그는 자기 몸에 났던 곱슬곱슬한 털들을 싹 밀어버리고 기름을 발랐다. 드디어 엔키두는 한 남자가 되었다. 사내의 옷을 입자 그는 마치 신랑같이 보였다. 그는 사자를 잡아 목자들이 밤새 편히 쉴 수 있게 해주었다. 목자들이 편히 쉬고 있는 동안 그는 늑대와 사자들을 잡아 죽였다. 엔키

두는 그들의 파수꾼이 되었다. 이 강한 사내에게 대적할 자는 아무도 없었다.

엔키두는 목자들과 즐겁게 살고 있었다. 그러던 어느 날 그가 눈을 들어 보니 한 사나이가 다가오고 있었다. 그는 여인에게

"여인이여, 저 남자를 데려오라. 그가 왜 이리로 오는가? 그의 이름을 알고 싶다."

하고 부탁했다. 그녀는 엔키두의 말대로 사나이에게 다가가 물었다.

"여보세요, 이다지도 힘든 여행을 하시면서 어디로 가는 중입니까?"

그 사나이는 엔키두에게 다가와 입을 열어 말했다.

"길가메시가 결혼식장에 들이닥쳐 사람들을 모두 내쫓았습니다. 그는 화려한 거리의 도시 우룩에서 해괴망측한 짓을 하고 있답니다. 북소리가 울리면 남자든 여자든 모두 바빠지지요. 길가메시는 왕으로서 사랑의 여왕과 결혼해야 한다면서 자기가 신랑보다 먼저 신부를 차지한답니다. 그리고 이것은 그의 탯줄이 끊어진 때부터 이미 자기에게 주어진 신들의 명령이라고 우겨댑니다. 보세요, 지금도 신부를 고르는 북소리가 울려오고 온 나라는 슬픔에 빠져 있지 않습니까?"

이 말을 듣자 엔키두는 얼굴이 창백해지며 소리질렀다.

"나는 길가메시가 백성들을 억누르는 그곳에 가서 그에게 도전하겠다. 그리고 우룩에서 '나는 옛 질서를 바꾸러 왔노라! 가장 센 자가 여기 왔노라!'고 큰 소리로 외치리라."

드디어 엔키두는 여인을 뒤따르게 하고 거대한 도시 우룩으

로 들어갔다. 그러자 사람들이 거리에 서 있는 그의 주위로 몰려들었다. 사람들은 서로 밀치며 그를 보려고 소란을 피웠다. "길가메시와 영락없이 닮았다.", "그가 더 작아.", "뼈를 봐, 더 굵지 않은가?", "이 자는 동물의 젖을 먹고 자랐대. 누구도 당할 자가 없다는군" 하고 사람들은 기뻐했다. "이제야 길가메시가 임자를 만났구나. 신처럼 아름답고 위대한 이 영웅이야말로 길가메시의 좋은 상대가 될 거야."

그때 우룩의 한 곳에서는 사랑의 여신을 위해 신방이 차려져 있었다. 신부가 신랑을 기다리는 한밤중, 길가메시가 일어나 그 집으로 들어가려 하였다. 그 순간 엔키두는 박차고 일어나 길 한복판에 막아 섰다. 강자(强者) 길가메시가 그 집에 도착하여 문에 서 있는 엔키두를 맞닥뜨렸다. 엔키두는 다리를 벌리고 그를 못 들어가게 막았다. 둘은 서로 으르렁거리다가 황소처럼 붙들고 늘어졌다. 그 바람에 문지방이 부서지고 벽들이 흔들렸다. 마치 황소처럼 콧김을 내뿜으며 그들은 서로 엉겼다. 문들이 박살나고 벽들이 흔들렸다. 드디어 길가메시가 땅 속에 다리를 박은 채 무릎을 꿇었고 이어서 엔키두도 쓰러졌다. 그 순간 그의 난폭한 성질이 사라졌다. 엔키두는 넘어지면서 길가메시에게 말했다.

"이 세상에서 당신 같은 사람은 못 봤습니다. 외양간에 갇힌 황소처럼 힘센 닌순이 당신의 어머니임이 분명합니다. 당신은 모든 인간 위에 뛰어나고 엔릴은 당신에게 왕위를 넘겨 주었습니다. 그것은 당신이 다른 어떤 사람보다도 강한 힘을 가지고 있기 때문입니다."

1. 엔키두와의 만남 29

《함무라비 법전》 돌기둥
프랑스 탐험대에 의해 1901~1902년 겨울 조사에서 발굴된 높이 2.25m의 돌기둥 위에는 길가메시와 엔키두를 도운 태양의 신 샤마시로부터 법전을 수여받는 왕의 장면이 부조되어 있다

그러곤 엔키두와 길가메시는 서로 끌어안았고 바야흐로 그들의 우정이 싹트기 시작했다.

2. 숲속의 여행

2. 숲 속의 여행

　모든 신들의 아버지, 산악의 엔릴은 길가메시의 운명을 정해 놓았다. 그리하여 길가메시가 꿈을 꾸었고 엔키두가 그 꿈을 풀이하였다.
　"그 꿈의 의미는 이렇습니다. 신들의 아버지께서 당신을 왕으로 삼으셨습니다. 그것이 당신의 운명입니다. 그러나 영원한 생명은 당신의 것이 아닙니다. 그렇다고 마음속에 슬픔이나 걱정을 가지거나 스스로를 괴롭히지는 마십시오. 그 대신 당신에겐, 사람들을 모을 수도 있고 흩어 놓을 수도 있으며 빛이 될 수도 있고 어둠이 될 수도 있는 힘을 주셨습니다. 당신에게는 누구도 당해낼 수 없는 힘이 있어 당신이 나가는 싸움에선 아무도 살아 도망칠 수 없으며, 당신의 침략엔 누구도 빠져나가지 못하여 완벽한 승리를 얻을 수 있을 것입니다. 그러나 이 힘을 악용하지는 마십시오. 궁전에 사는 종들을 올바르게 다스리고 샤마시 앞에서 올바른 행동을 취하십시오."
　엔키두는 두 눈에 눈물이 가득 괴고 마음이 아팠다. 그는 침통하게 한숨을 쉬었다. 길가메시가 그의 눈물을 보고 물었다.
　"친구여, 왜 그렇게 한숨을 짓는가?"

엔키두가 입을 열어 대답했다.

"나는 약해졌습니다. 팔은 예전에 가졌던 힘을 잃어버렸고 슬픔의 탄식만이 내 목구멍 속에 잠겨 있습니다. 나는 안일(安逸)에 사로잡혀 있습니다."

길가메시가 생명의 나라(Country of the Living)로 생각을 돌리기 시작한 것은 바로 이때였다. 그는 향나무숲을 생각하였다. 그리고 자기의 부하 엔키두에게 일렀다.

"나는 운명이 결정한 대로, 내 이름을 돌 위에 새기지 않았다. 나는 향나무가 가득찬 곳으로 가겠다. 그리고 유명한 영웅들의 이름이 새겨진 곳에 내 이름을 새길 작정이다. 누구의 이름도 새겨지지 않은 그곳에 신들을 위해 기념탑을 세우겠다. 땅 위에 악(惡)이 있으므로 우리는 숲으로 들어가 악을 물리칠 것이다. 그 숲 속엔 '거대(巨大, Hugeness)'란 이름을 가진 난폭한 거인 훔바바(Humbaba)가 살고 있다."

그러나 엔키두는 한숨을 쉬며 말했다.

"동물들과 광야를 달리던 시절, 그 숲을 본 적이 있습니다. 그 길이는 사방 만 리그(1리그는 약 3마일 정도)나 됩니다. 엔릴은 훔바바를 산지기로 임명하고 그를 일곱 벌의 갑옷으로 무장시켰습니다. 모든 동물들에게 있어 훔바바는 공포의 대상이었습니다. 그의 울부짖음은 폭풍우가 치는 것 같고, 그의 숨결은 불

---

1) 후와와(Huwawa)라고도 불린다. 향나무 숲의 산지기로 길가메시에게 대항해 싸우다가 길가메시와 엔키두에게 살해당한다. 신적인 품성을 지니고 있으며 아나톨리아, 엘람, 시리아의 신으로도 불려진다.

길 같으며, 그의 턱은 죽음 바로 그것입니다. 그는 숲을 어찌나 잘 지키는지 60리그 밖에서 어린 송아지가 움직여도 알아차린답니다. 어느 누가 감히 그곳에 들어가 그 숨겨진 사실을 파헤칠 수 있겠습니까? 누구든 그곳에 접근하기만 하면 먼저 겁에 질리고 맙니다. 훔바바와 싸우는 것이 보통 사람과 싸우는 것과 다름을 알아야 합니다. 그는 강한 투사이며 성벽을 부숴버리는 도끼(batteringram)입니다. 길가메시여, 그는 자지도 않는답니다."

길가메시가 대답했다.

"하늘에 오를 자가 어디 있느냐? 오직 신들만이 영광의 샤마시와 영원히 살 수 있다. 그러나 우리 인간들의 수명은 셈해지고 있으며 우리가 가진 것은 바람과 같은 것이다. 어째서 그런가! 이미 너 자신도 두려워하고 있구나! 내 비록 너의 주인이나 내가 앞장서겠다. 너는 안심하고 '나가시오, 두려워할 게 아무 것도 없습니다'고만 외쳐라. 그러면 비록 나는 쓰러질지라도 내 이름은 계속 남아 있을 것이고, 사람들은 '길가메시는 흉포한 훔바바와 싸우다 쓰러졌노라' 하며 나를 기억할 것이다."

엔키두가 다시 길가메시에게 말했다.

"오, 나의 주인이여, 당신이 정히 그곳에 가려 한다면 먼저 태양의 신인 샤마시에게 고하십시오. 그 땅이 그의 것이기 때문입니다. 베어 올 향나무가 있는 그곳은 샤마시의 것입니다."

길가메시는 티없이 흰 염소와 갈색 염소를 품에 안고 태양에게 나아갔다. 은(銀)으로 만든 왕홀(王笏)을 손에 쥐고 샤마시에게 고하였다.

"나는 그 땅에 가고자 합니다. 오, 샤마시여, 나는 기필코 갈 것입니다. 간구하오니 내 영혼을 평온케 하시고 나를 우룩의 항구까지 무사히 돌아오게 하소서. 당신의 보호를 받아 좋은 징조가 생기게 하소서."

거룩한 샤마시가 응답하였다.

"길가메시야, 그대는 강하다. 그런데 생명의 나라가 그대와 무슨 상관이 있느냐?"

"오, 샤마시여, 내 말을 들으소서. 내 말을 들으소서, 샤마시여. 내 소리에 귀를 기울이소서. 여기 이 나라에는 많은 사람들이 마음에 충격을 받고 죽어가며 실망 속에 죽어가고 있습니다. 나는 성벽 너머 강물 위에 시체들이 떠내려가는 것을 본 적이 있습니다. 내 운명도 그러할 것입니다. 실로 모든 것이 그러하리라는 것을 나는 잘 알고 있습니다. 아무리 큰 사람이라도 하늘에 닿을 수는 없으며, 아무리 큰 사람이라도 지구를 안을 수는 없습니다. 그런고로 나는 그 땅에 가려고 합니다. 내 운명이 정한 대로 내 이름을 돌 위에 새기지 않았으므로 나는 그 땅에 가서 향나무를 자르겠습니다. 유명한 영웅들의 이름이 새겨진 곳에 내 이름을 새기렵니다. 그리고 어느 인간의 이름도 새겨지지 않은 그곳에 신들을 위해 기념탑을 세우겠습니다."

눈물이 그의 얼굴로 흘러내렸다. 그는 계속해서 말했다.

"아! 훔바바의 땅을 빼앗으려는 이 여행은 긴 것입니다. 이 소원이 이루어지지 않는 것이라면, 샤마시여, 당신은 어찌하여 내 마음을 움직여, 이 일을 이루겠다는 그칠 줄 모르는 욕망을 주셨습니까? 당신이 돕지 않으신다면 어찌 이룰 수 있겠습니

어깨에서 빛이 솟아오르고 심판관으로서의 자신의 역할을 상징하는 톱을 휘두르고 있는 태양신 샤마시를 나타내는 원통형 인장의 날인.

까? 내 비록 그곳에서 죽는다 하더라도 후회하지 않겠습니다. 그러나 만일 내가 다시 돌아온다면 그때엔 당신께 선물과 감사의 거룩한 제사를 드리리다."

마침내 샤마시는 그의 눈물의 제사를 받아들였다. 동정심 많은 사람처럼 그는 자비를 베풀었다. 길가메시를 돕도록 같은 어머니에게서 난 아들들을 산속 동굴에 숨겨 놓았다. 북풍과 돌풍, 폭풍과 삭풍, 태풍과 열풍 등 강렬한 바람들을 약속하였다. 이것들은 독사 같고, 용 같고, 타오르는 불길 같고, 심장을 얼어붙게 하는 뱀 같고, 모든 것을 부숴버리는 홍수와 번개창같이 막강한 것들이었다. 길가메시는 기뻤다.

그는 대장간으로 갔다.

"대장장이들에게 이르노라. 우리가 보고 있는 앞에서 우리의 무기를 가져오라."

거기 모여 있던 대장장이들과 목수들에게 즉각 명령이 전해졌고 그들은 산속으로 들어가 회양목을 베어 넘겼다. 그들은 1백 80파운드나 되는 도끼와 1백 20파운드 나가는 칼날을 박은 많은 칼들을 만들어 가져왔다. 길가메시를 위해서는 특별히 '영웅들의 힘'이란 도끼와 안샨(Anshan)²의 활을 만들어 주었다. 그리하여 길가메시와 엔키두는 무장했다. 그들이 가져온 무기의 무게는 모두 6백 파운드나 되었다.

백성들과 집정관(執政官)들이 우룩의 시장에 모여들었다. 그들은 일곱 개의 빗장이 걸린 성문으로 들어왔다. 길가메시는 시장에 모여든 그들에게 말하였다.

"나 길가메시는 한 괴물을 찾으러 간다. 그에 대해선 잘 알고 있을 것이다. 그에 대한 소문이 자자하다. 내가 향나무숲에 들어가 그를 정복하고 우룩의 아들들의 힘을 보여주면 온 세상이 이 일을 알게 되리라. 나는 이 모험을 하기로 작정했다. 산을 오르고 향나무를 베어내어 내 이름을 영원히 남길 것이다."

우룩의 집정관들이 대답하였다.

"길가메시여, 당신은 젊습니다. 단지 용기만 가지고 너무 멀리까지 내다보고 있습니다. 당신은 이 모험이 무엇을 뜻하는지도 알지 못하고 있습니다. 우리가 듣는 바로는, 훔바바는 인간과 달리 죽지 않을 뿐더러 그의 무기엔 당할 자가 없다고 합니다. 숲은 사방으로 만 리그나 뻗쳐 있다고 합니다. 누가 감히 들어가 그 숨겨진 사실을 파헤칠 수 있겠습니까? 훔바바로 말

---

2) 남서 페르시아에 있는 엘람 지방. 활을 만드는 재목의 산지로 알려져 있다. 길가메시도 '안샨의 활'을 갖고 있다.

소나무 숲의 거인 훔바바의 얼굴

할 것 같으면 그가 으르렁거릴 땐 마치 폭풍이 몰아치는 것 같고, 그의 숨결은 불과 같으며 그의 턱은 죽음 바로 그것이랍니다. 길가메시여, 당신은 왜 이런 일을 하려 합니까? 성벽을 부숴버리는 도끼인 훔바바와 싸우는 것은 예사일과 다릅니다."

집정관들의 말을 듣고 길가메시는 자기의 친구를 보며 웃었다.

"그들에게 어떻게 대답할까? 훔바바가 두렵다고 말할까? 한평생 집안에서 편히 쉬겠다고 말할까?"

길가메시는 다시 입을 열어 엔키두에게 말했다.

"친구여, 대궁전 에갈마(Egalmah)³⁾로 가자. 여왕 닌순에게 나아가자. 그녀는 심오한 지혜와 슬기를 지니고 있으니 우리가 가야 할 길에 대해 조언해 줄 것이다."

그들은 손을 잡고 에갈마로 가서 여왕 닌순에게 나아갔다. 길가메시가 앞으로 나아가 닌순에게 고했다.

"닌순이여, 내 말을 들으소서. 나는 긴 여행을 떠나려 합니다. 훔바바가 있는 곳에 가려 합니다. 전혀 생소한 길을 가야 하며 예기치 않은 싸움도 치러야 할 것입니다. 내가 가는 날부터 돌아오는 날까지, 향나무숲에서 샤마시가 싫어하는 악을 쳐부수기까지 나를 위해 샤마시에게 간구해 주소서."

닌순은 자기 방으로 들어가 몸에 꼭 맞는 옷을 입고 가슴을 보석으로 아름답게 장식하고, 머리에 왕관을 쓰고, 땅 위를 스치는 치마를 입고 나왔다. 그리고 궁전 지붕 위로 올라가 태양의 제단 앞에 섰다. 향을 피우고 그 연기가 올라가듯 샤마시를 향해 팔을 벌렸다.

"오, 샤마시여, 어찌하여 당신은 내 아들 길가메시에게 그칠 줄 모르는 열정을 주셨습니까? 왜 그에게 그런 것을 주셨습니까? 당신이 그를 충동질해 이제 그는 전혀 알지도 못하는 낯선 길을 가며, 예기치 않은 싸움을 치르며, 훔바바의 땅으로 긴 여행을 떠나려 합니다. 그러니 그가 떠나는 날부터 돌아오는 날까지, 향나무숲에 도착하여 그가 당신이 싫어하는 훔바바를 죽여 악한 것들을 물리치기까지 그를 잊지 마소서. 그리고 당신의 사

---

3) 우룩에 있는 대궁전. 길가메시의 어머니 닌순이 사는 곳이다.

랑스런 애인 새벽 아야(Aya)로 하여금 당신을 항상 일깨우게 하시고, 낮이 다하였을 때에는 그에게 밤의 보호자를 주시어 그를 해치는 자가 없게 하소서."

그때 길가메시의 어머니, 닌순의 향이 다 타 버렸다. 그래서 그녀는 엔키두를 불러 일렀다.

"강한 엔키두야, 너는 내 몸에서 난 아이가 아니지만 너를 내 양자로 삼으리라. 신전으로 데려온 버려진 아이처럼 너도 내 아이가 되리라. 주워온 아이들이 신전을 섬기듯 여사제(女司祭)들이 길가메시를 받들듯 그렇게 길가메시를 섬겨다오. 내 여종들과 사제들과 백성들 앞에서 이것을 밝히리라."

그리고 약속의 표시로 그의 목에 부적을 걸어 주었다.

"내 아들을 네게 맡긴다. 그를 다시 무사히 내게 데려오너라."

이윽고 그들은 무기를 가져왔다. 그들은 금으로 된 칼집과 큰 칼, 활과 화살통을 손에 들었다. 길가메시는 도끼를 손에 들고 어깨엔 화살통과 안샨의 활을 메고 칼은 허리에 찼다. 마침내 무장이 다 끝났고 여행 준비가 다 되었다. 사람들이 그들에게 몰려와 밀치며 물었다.

"언제 이곳에 다시 돌아오겠습니까?"

집정관들은 길가메시를 축복하고 주의를 주었다.

"너무 자신의 힘만 믿지 마시오. 항상 주위를 살피고 당신이 먼저 나가지 마십시오. 앞에 가는 자가 당신을 보살펴 줄 것입

---

4) 새벽. 태양신 샤마시의 신부(新婦).

니다. 당신의 친구는 길을 잘 아는 좋은 안내자가 될 것입니다.
엔키두를 앞에 세우십시오. 그는 숲으로 가는 길도 알고 있고,
훔바바를 본 적도 있으며, 싸움에도 어느 정도 숙달되어 있습
니다. 그를 먼저 보내십시오. 그래서 잘 살펴보며 자신을 돌보
도록 하십시오. 엔키두로 하여금 당신을 지키게 하시고 당신을
보호하게 하십시오. 그래서 길가에 널려 있는 위험에서 벗어나
시길 바랍니다. 오, 엔키두여, 우룩의 집정관들은 우리의 왕을
당신께 맡깁니다. 그를 무사히 우리에게 데려다 주길 바라오."
　다시 그들은 길가메시에게 일렀다.
　"샤마시가 당신께 마음의 열정을 주시길 빕니다. 당신 입으로
말한 모든 것이 이루어지는 것을 당신 눈으로 보실 수 있기를
빕니다. 포장된 길이 당신께 열려지고 당신의 발이 디딜 길이
환히 열리길 빕니다. 당신이 가시는 길에 산들이 열리고 밤은
당신께 밤의 축복을 주며 당신의 수호 신루굴반다(Lugulbanda)[5]
가 승리를 위해 당신 곁에 항상 계시기를 빕니다. 싸움터에서는
어린아이들과 싸우듯 당신께 승리가 돌아오길 빕니다. 당신이
가려는 곳, 훔바바의 강에서 발을 닦으시고 저녁마다 샘을 파
당신의 물주머니에는 항상 생수가 가득 차게 되길 바랍니다. 샤
마시에게 생수를 드리고 루굴반다를 잊지 마시기를 빕니다."
　그때 엔키두가 입을 열어, "자, 갑시다. 두려울 것은 아무것
도 없습니다. 나를 따르십시오. 나는 훔바바가 살고 있는 곳과

---

　5) 홍수 이후 우룩 왕조의 3대 왕. 신이며 동시에 목자인 수메르의 시(詩)의 주인
공이며, 길가메시의 수호신이기도 하다.

그가 다니는 길을 알고 있습니다. 집정관들을 돌려보내십시오. 이젠 두려워할 게 아무것도 없습니다."
하며 길을 재촉했다.

집정관들은 이 말을 듣고 영웅의 갈 길을 열어 주었다.
"가시오, 길가메시여, 당신의 수호신이 모든 여정(旅程)을 지켜주시고, 당신이 무사히 우룩의 선창까지 돌아오시게 되길 빕니다."

20 리그를 간 후 그들은 식사를 했다. 다시 30 리그를 가서 밤을 지새기 위해 멈췄다. 그들은 하루에 50 리그를 걸었다. 한 달 반이 걸리는 거리를 그들은 사흘에 걸어갔다. 일곱 산맥을 지나서야 그들은 숲의 입구에 도착했다. 그때 엔키두가 주의를 주었다.

"숲엔 들어가지 맙시다. 성문을 열었을 때 난 이미 손에 힘을 잃었습니다."

길가메시가 대답했다.

"사랑하는 친구여, 겁쟁이 같은 소리는 하지도 말라. 수없이 많은 어려움을 겪어 여기까지 왔는데 다시 돌아가잔 말인가? 싸움과 투쟁에 단련된 친구여, 옆에 바싹 붙어 서라. 그러면 죽음의 공포를 느끼지 않을 것이다. 내 곁을 떠나지 말라. 악함이 사라지고 네 손도 떨리지 않으리라. 내 친구여, 너는 뒤에 남아 있으려는가? 아니지, 우리 함께 숲 속으로 들어가자. 용기를 내어 닥쳐올 전투에 대비하자. 죽음일랑 잊고 나를 따르라. 내 비록 성급하기는 하나 무모한 자는 아니다. 둘이서 서로 자신을 보살피면서 친구를 보호하며 나아가자. 만약 둘이 모두 쓰러지게 되면 우리는 영원히 이름을 남길 것이다."

그들은 함께 숲 속으로 들어갔다. 그리고 녹색 산에 도달하였다. 거기서 그들은 조용히 서 있었다. 마치 벙어리처럼 말문이 막혔다. 그들은 찌를듯이 높이 뻗친, 향나무의 숲 속으로 들어가는 길과 훔바바가 늘 걷는 길도 보았다. 그 길은 넓고 걷기에 좋았다. 그들은 신들이 살고 있는 곳, 이시타르의 왕좌가 있는 향나무 산을 뚫어지게 바라보았다. 거대한 향나무들이 산 앞을 막아 섰고, 그 그림자에는 평화가 깃들어 아름다웠다. 산과 골짜기에는 수풀이 우거져 온통 녹색이었다.

거기에서 길가메시는 태양이 지기 전에 우물을 팠다. 그리고 산에 올라가 깨끗한 음식들을 땅 위에 뿌리며,

"오, 산이여, 신들의 고향이여, 아름다운 꿈을 꾸게 하소서."

하고 말하였다. 그리고 둘은 손을 꼭 잡고 누워 잠들었다. 그들은 밤을 따라 흘러오는 잠 속으로 빠져들어갔다.

길가메시는 꿈을 꾸고는 한밤중에 잠이 깨어 친구에게 얘기했다.

"엔키두, 네가 날 깨우지 않았느냐? 그러면 누가 날 깨웠을까? 친구여, 방금 꿈을 꾸었다. 일어나 산을 살펴보자. 신이 내게 내린 잠이 사라져버렸다. 내가 꾼 꿈이 무엇일까? 두렵고 알쏭달쏭하구나. 나는 광야에서 들소 한 마리를 잡고 있었다. 그 놈은 큰 소리로 으르렁거리며 먼지를 일으켰고 그 먼지로 하늘이 캄캄해졌지. 내 팔은 꽉 잡혔고 입술은 떨렸다. 내가 무릎을 꿇고 뒤로 넘어졌을 때, 어떤 사람이 그의 물주머니에서 물을 따라 내게 먹여 다시 나를 소생시켜 주었다."

엔키두가 대답했다.

"사랑하는 친구여, 우리가 바라고 가는 그 신은 비록 괴상하게 생기기는 했어도 들소는 아닙니다. 당신이 본 그 들소는 우리를 보호해 주는 샤마시입니다. 그는 우리가 곤경에 처했을 때 우리의 손을 잡아 줄 것입니다. 물주머니를 꺼내 물을 준 그 사람은 당신의 이름을 지켜주는 당신의 수호신 루굴반다입니다. 그와 하나가 되어 영원히 사라지지 않을 이름을 위해 일을 완수합시다."

길가메시가 또 말했다.

"또 다른 꿈도 꾸었다. 우리는 깊은 산골짜기에 서 있었다. 우리는 마치 웅덩이 속의 작은 파리들처럼 보였다. 갑자기 산이 무너져내려 나를 쳤고 내 발이 그 속에 파묻혀버렸다. 그 순간 형용할 수 없는 찬란한 빛이 비쳐 왔고, 그 속에는 이 세상 어느 누구도 따를 수 없는 아름다움과 우아함을 지닌 자가 있어 그가 나를 끌어내 주었다. 그가 내게 물을 주자 내 마음이 무척 평온해졌다. 그리고 그가 나를 땅 위에 내려놓았다."

그때 광야의 아들 엔키두가 대답했다.

"산에서 내려가 이 일을 다시 이야기해 봅시다."

그는 젊은 신 길가메시에게 다시 일러주었다.

"당신의 꿈은 좋은 징조입니다. 놀랍습니다. 당신이 본 산이 바로 훔바바입니다. 이제야 확실해졌습니다. 우린 그를 잡아서 죽일 것이고, 그의 몸은 산이 무너져 내려앉듯 내던져질 것입니다."

그 다음날도 그들은 20리그를 가서 식사를 하고 다시 30리그를 간 후 밤을 지새기 위해 멈추었다. 해가 지기 전에 그들은 우물을 팠고 길가메시는 산 위로 올라갔다. 그는 신성한 음식들을 땅에 뿌리면서 말했다.

"오, 신들이 사는 곳, 거룩한 산이여, 엔키두에게도 꿈을 주소서. 좋은 꿈을 꾸게 하소서."

산은 엔키두에게도 꿈을 마련해 주었다. 그것은 불길한 것이었다. 차가운 소나기가 그에게 쏟아져내렸고, 폭풍 속에서 그는 보리알처럼 움츠러들었다. 그러나 길가메시는 뺨을 무릎에 괴고 쭈그리고 앉아 있다가 그대로 잠들어버렸다.

이윽고 한밤중, 갑자기 잠이 달아났다. 그는 일어나 친구를 깨웠다.

"날 부르지 않았느냐? 아니면 어떻게 해서 내가 잠이 깨었을까? 날 건드리지 않았느냐? 아니라면 왜 내가 떨고 있는가? 혹시 어떤 신이 지나가지나 않았는가? 겁에 질려 다리가 떨리는구나. 친구여, 세 번째 꿈을 꾸었다. 그런데 이 꿈은 도대체 두렵기만 하구나. 하늘이 으르렁거리고 땅이 진동하며 빛이 사라지고 어둠에 싸인 채, 번개가 번쩍이고 불이 솟구쳐오르며 구름이 깔리고 죽음의 비가 퍼붓고 있었다. 그 순간 번쩍하더니 불이 쏟아져나와 우리 주위에 있던 모든 것이 재로 변하였다. 산을 내려가자. 다시 이야기해 보고 어떻게 해야 할지 생각해 보자."

길가메시는 도끼를 손에 꽉 쥐고 엔키두와 함께 산을 내려왔다. 그는 향나무를 베어 넘어뜨렸다. 훔바바가 멀리서 이 소리를 듣고 진노하여 외쳤다.

"어느 놈이 내 숲 속에 들어와 향나무를 베느냐!"
그러자 위대한 샤마시가 하늘에서 그들을 격려하였다.
"나아가라! 두려워하지 말지어다."
그러나 길가메시는 갑자기 힘을 잃더니 깊은 잠에 빠져버렸다. 그는 아무 소리도 없이 마치 꿈꾸듯 땅에 사지를 뻗고 누워버렸다. 엔키두가 그를 흔들어도 일어나지 않았고 물어도 대답하지 않았다.
"오, 길가메시여, 쿨랍(Kullab)[6]의 주인이여, 세계가 점점 어두워져가고 있습니다. 땅 위에 그림자가 퍼지고 있습니다. 땅거미가 지고 있습니다. 샤마시는 사라지고 그는 그의 빛나는 머리를 어머니 닝갈(Ningal)[7]의 품속에 파묻어버렸습니다. 길가메시여, 언제까지 이렇게 누워 있으렵니까? 당신을 낳은 어머니를 슬피 울게 하여 골방에 숨도록 만들지 마십시오."
한참이 지나서야 길가메시는 그의 목소리를 알아들었다. 그는 30시켈이나 되는 갑옷 '영웅들의 외침'을 마치 가벼운 외투를 입듯 입었다. 그리고 황소가 발로 땅을 차며 콧김을 내뿜으며 버티고 서 있는 것처럼 이를 악물고 섰다.
"나를 낳은 어머니 닌순의 생명을 걸고, 그리고 나의 위대한 아버지 루굴반다의 생명을 걸고 바라오니 나를 무릎 위에서 키울 때와 같은 어머니의 보살핌으로써 나를 지켜 주소서."
그리고 다시 그에게 말했다.

---

6) 우룩의 한 지역.
7) 달신(Moon God)의 아내이며 태양의 어머니.

"나를 낳은 어머니 닌순의 생명을 걸고, 나의 아버지 위대한 루굴반다의 생명을 걸고 맹세하노니 훔바바가 인간이라면 그 인간과, 그가 신이라면 그 신과 싸워 생명의 나라에 이르는 방법을 얻기 전엔 고향으로 돌아가지 않으리라."

그때 엔키두가 말리며 나섰다.

"오, 주여, 당신은 그 괴물을 몰라 그 두려움도 모르고 있습니다. 나는 그를 알지요. 겁이 납니다. 이빨은 용의 독니 같고 생김새는 사자 같으며 그의 공격은 홍수 터지는 듯합니다. 그가 노려보기만 해도 숲의 나무들과 늪의 갈대들은 부서질 듯합니다. 오, 주여, 꼭 이 땅에 들어가시겠다면 말리지 않겠습니다. 그러나 나는 고향에 돌아가겠습니다. 돌아가서 당신의 어머님께 당신의 화려한 업적을 들려주어 기뻐 외치게 하고, 그 다음엔 피할 수 없는 죽음의 얘기를 들려주어 비통 속에서 울게 하겠습니다."

그러나 길가메시는 말했다.

"죽음이나 장사(葬事) 이야기는 아직 이르다. 죽음의 배는 떠나지 않을 것이다. 내 수의(壽衣)로 세 겹 옷을 준비하지 않아도 된다. 백성들이 슬퍼할 필요도 없으며 내 집에 있는 화장(火葬)에 쓸 나무에 불을 지피지도 않을 것이다. 내가 쓰던 집과 가구를 태우지도 않을 것이다. 지금은 네 도움이 필요하다. 나를 도와달라. 나도 너를 도우리라. 그러면 우리 둘에게 어떤 위험이 있겠느냐? 몸을 입고 태어난 피조물은 모두 언젠가 서쪽으로 가는 배를 탈 것이고 마길룸(Magilum)의 배가 떠나면 그들도 떠날 것이다. 그러나 우린 나아가 이 괴물에게서 눈을 떼지 말자. 가슴이 떨리더라도 두려움을 떨쳐버리고 겁이 나면 공포를 멀리 던져버리자. 손에 도끼를 잡고 공격하자. 싸움이 끝나지 않고는 평화롭게 있을 수가 없다."

훔바바가 그의 집에서 나왔다. 그러자 엔키두가 외쳤다.

"길가메시여, 당신이 우룩에서 자신있게 하신 말씀을 기억하십니까? 나아가시오. 우룩의 아들이여, 공격하시오. 두려워할 게 없습니다."

이 말을 듣자 길가메시는 용기백배하여 대답했다.

"자, 서둘러서 좁혀 들어가자. 산지기가 여기 있다면 이곳을 못 빠져나가게 막아 여기서 죽여버리자. 그는 일곱 갑옷 중 하나만 입었구나. 나머지 여섯 개를 입기 전에 쳐들어가자."

그는 성난 들소처럼 땅을 치며 덤벼들었다.

산지기 훔바바는 성이 날 대로 나 큰 소리로 외쳐대면서 견고한 향나무 집에서 나왔다. 그는 머리를 흔들며 위협적으로 길가메시를 노려보았다. 그리고 눈을, 죽음의 눈을 부릅떴다. 그러자 길가메시는 샤마시를 불렀다. 눈물이 쏟아지고 있었다.

"오, 위대하신 샤마시여, 저는 당신께서 지시한 길을 따라왔을 뿐입니다. 그런데 지금 돕지 않으신다면 나는 죽을 수밖에 없습니다."

위대한 샤마시는 그의 기도를 듣고 사나운 바람을 일으켰다. 북풍과 돌풍, 폭풍과 삭풍, 태풍과 열풍이 용처럼, 타오르는 불길처럼, 심장을 얼어붙게 하는 뱀처럼, 만물을 부숴버리는 홍

---

8) 뜻은 분명하지 않으나 '죽은 사람이 타는 배'를 의미

수와 번개처럼 불어닥쳤다. 여덟 바람이 동시에 훔바바를 강타하여 그는 눈을 뜰 수 없게 되었다. 그는 앞으로도 뒤로도 가지 못해 꼼짝 못하고 있었다.

길가메시가 소리 높이 외쳤다.

"나의 어머니 닌순의 생명을 걸고, 나의 아버지 루굴반다의 생명을 걸고, 이 땅, 생명의 나라에서 네 집을 찾아내었다. 비록 내 팔이 약하고 무기도 보잘것없지만 너에게 대항하러 이곳에 왔다. 이제 네 집에 쳐들어가리라."

그리고 그는 첫번째로 향나무를 베어 산기슭에 깔았다. 훔바바가 불을 뿜어냈으나 굴하지 않고 계속 앞으로 나아갔다. 훔바바가 일곱 번이나 막아 보았지만 그는 그때마다 향나무를 베어 산기슭에 깔며 나아갔다. 일곱 번째 불길이 사라졌을 때엔 그들은 이미 훔바바의 집 앞에 도달하여 있었다. 그는 증오에 가득차 자신의 넓적다리를 쳤다. 그리고 마치 산에 매여 있던 길든 황소처럼, 팔을 묶인 포로처럼 걸어나왔다. 눈에선 눈물이 쏟아지기 시작했고 얼굴은 창백해졌다.

"길가메시여, 얘기 좀 하자. 나는 어머니도, 나를 길러 준 아버지도 모른다. 산에서 태어나 산이 나를 길러 주었고, 엔릴은 나를 이 산의 산지기로 채용했다. 길가메시여, 나를 풀어 다오. 그러면 나는 그대의 종이 될 것이고 그대는 나의 주인이 될 것이다. 내가 산에서 키운 숲의 모든 나무들은 그대의 것이다. 그것들을 잘라 그대에게 궁전을 지어 바치겠다."

그는 길가메시의 손을 잡고 자기 집으로 데리고 들어갔다. 그러자 길가메시는 그가 측은하게 생각되었다. 그는 하늘에 있는 생명, 땅 위에 있는 생명, 땅 아래에 있는 생명을 두고 맹세하였다.

"엔키두, 슬피 우는 새를 자기 보금자리로, 포로를 자기 어머니의 품안으로 돌려보내는 것이 옳지 않겠는가?"

그러나 엔키두가 경고하였다.

"아무리 강한 자라도 올바른 판단을 하지 못하면 쓰러지고 맙니다. 모든 인간들을 똑같이 괴롭히는 악한 운명 남타르(Namtar)가 그에게 덮칠 것입니다. 슬피 울며 애걸하는 새를 자기 보금자리로, 포로를 자기 어머니의 품속으로 되돌려보낸다면 당신은 당신을 낳아 주신 어머니가 기다리고 계시는 고향으로 돌아갈 수 없을 것입니다. 그가 다시 당신께 대항하여 산길에 장애 물을 놓아 길을 막을 것이기 때문입니다."

훔바바가 가로막았다.

"엔키두, 네가 말하는 것은 옳지 않아. 너는 고용되었으니까 네가 먹을 빵만 생각하고 있어. 질투와 대적할 자에 대한 공포로 악담을 하는구나!"

엔키두가 다시 말했다.

"길가메시여, 그의 말을 듣지 마시오. 이 훔바바는 죽여야 합니다. 그를 죽인 다음 그의 부하들을 죽이십시오."

그러나 길가메시는 주저했다.

"만일 우리가 그를 건드리기만 해도 화염과 빛의 화살이 한꺼

---

9) 운명. 나쁜 의미에서의 운명을 뜻한다. 지하 세계의 악마나 에레시키갈의 심부름꾼, 혹은 수석 부하로 묘사되기도 한다. 질병과 고통을 가져다 준다.

번에 터져나와 그 영광과 광채가 점차 사라져버릴 것이다."

엔키두는 다시 길가메시를 재촉했다.

"그렇지 않습니다. 새를 묶어 놓는다면 그 새끼들이 어디로 달아나겠습니까? 새끼들이 풀밭에 흩어져 다닌다 할지라도 우린 그 영광과 광채를 찾아 얻을 수 있습니다."

길가메시는 친구의 말을 들었다. 그는 손에 도끼를 들고 허리에서 칼을 빼 훔바바의 목을 향해 힘껏 내려쳤다. 두 번째는 엔키두가 휘둘렀다. 세 번째에야 훔바바는 쓰러졌다. 그러자 일대 혼란이 일어났다. 숲의 수호자가 쓰러졌기 때문이다. 전에 헤르몬(Hermon)과 레바논(Lebanon)을 떨게 하던 목소리를 가진 숲의 수호자가 쓰러지자 2리그 안에 있던 향나무들은 모두 떨었다. 산들이 요동하고 언덕들이 진동했다. 숲의 수호자가 살해되었기 때문이다. 그들은 향나무를 베어 나갔다. 그러자 훔바바의 일곱 광채가 사라지기 시작했다.

그들은 무게가 8달란트나 나가는 칼을 들고 계속 숲속으로 들어갔다. 그들은 거기서 아눈나키(Anunnaki)[10]의 성소(聖所)를 발견하였다. 길가메시가 숲의 나무들을 베는 동안 엔키두는 그들의 길을 유프라테스 강둑처럼 시원하게 닦아 놓았다. 그들은 엔릴을 비롯한 신들 앞에 훔바바의 시체를 내놓았다. 그들은 땅에 입을 맞추고 수의를 펼친 후 훔바바의 머리를 놓았다.

엔릴은 훔바바의 머리를 보자 화를 냈다.

"왜 이런 짓을 했느냐? 이후로 너희 얼굴 위엔 불〔火〕이 사라

---

10) 보통 지하 세계의 신들을 말하는데 죽은 자들과 아누의 자손들을 심판한다.

지지 않으리라. 너희가 먹을 빵을 그것이 먼저 먹어 치울 것이며, 너희가 마실 물을 그것이 먼저 마셔버릴 것이다."

그러면서 엔릴은 훔바바에게 주었던 일곱 광채와 화염을 거두어들였다. 그리고 첫번째 것을 강에게 주고, 사자에게, 재앙의 바위에게, 산에게, 지옥의 공주에게 주었다.

오, 길가메시, 그는 왕이며 공포의 화염을 정복한 자다. 그는 들소같이 산속으로 쳐들어갔고 바다를 건넜다. 그에게 영광을 돌릴지어다. 그리고 더욱더 큰 영광은 엔키두의 용감함에 돌릴지어다!

3. 길가메시와 이시타르 그리고 엔키두의 죽음

3. 길가메시와 이시타르
그리고 엔키두의 죽음

  길가메시는 긴 머리를 감고 무기를 닦았다. 머리를 어깨 뒤로 빗어 내리고는 낡은 의복을 벗어버리고 새것으로 갈아입었다. 궁전의 예복을 입고 위엄있게 차렸다. 그때 거룩한 이시타르가 왕관을 쓰고 있는 길가메시의 아름다움에 매혹되어 그를 유혹하였다.
  "길가메시, 내게로 오세요. 내 신랑이 되어 주세요. 당신 육체의 씨앗을 내게 허락하시고 나를 당신의 신부로 삼고, 내 남편이 되어 주세요. 당신께 금 바퀴와 구리 뿔이 달린, 유리와 금으로 만든 마차를 드리고 또한 강한 폭풍의 용사들을 당신의 전위대(前衛隊)로 드리겠습니다. 향나무 향기 그윽한 제 집에 들어오시면 왕좌와 제단(祭壇)이 당신 발에 입맞출 것입니다. 왕들과 통치자들과 왕자들이 당신 앞에서 절할 것입니다. 그들은 곳곳에서 공물을 가지고 와 당신께 바칠 것입니다. 당신의 양은 쌍둥이를 낳고, 염소는 세 쌍둥이를 낳을 것이며, 당신의 짐을 나르는 노새는 어느 당나귀보다 빠르고, 당신의 황소에게는 어느 무엇도 당해 내지 못할 것입니다. 그리고 당신의 마차를 끄는 말들은 그 빠르기로 먼 곳에까지 이름을 날릴 것입니다."
 길가메시가 입을 열어 대답했다.
 "만일 당신과 결혼하게 된다면 나는 어떤 선물을 드려야 합니까? 당신 몸에 맞는 향수와 옷은 어떤 것으로 골라야 합니까? 신들이 먹는 음식과 빵을 당신께 드리겠습니다. 여왕만이 마시는 술도 드리겠습니다. 당신 곳간에 가득 차도록 보리〔麥〕를 드리겠습니다. 그러나 당신이 내 아내가 되는 것 —— 그것만은 사양하겠습니다. 도대체 어떻게 나와 결혼할 수 있겠습니까? 당신은 마치 얼음 속에 있는 연기 나는 화로같이, 돌풍도 폭풍도 막아내지 못하는 거적문같이, 요새를 파괴하는 성벽같이, 짐꾼을 검게 만드는 역청(瀝靑)같이, 이고 가는 사람을 온통 물로 적셔 놓은 물주머니같이, 난간에서 떨어지는 돌같이, 적이 아닌 아군을 향해 돌진해 오는 대포같이, 사람을 걸려 넘어지게 만드는 신발같이 당신의 애인들을 골탕 먹였습니다. 한 남자를 끝까지 사랑한 적이 있습니까? 당신이 소유한 목자들 중 어느 누가 항상 당신을 즐겁게 할 수 있겠습니까? 당신의 애인들 이야기를 할 테니 들어 보십시오. 당신이 젊었을 때 탐무즈(Tammuz)¹⁾란 애인이 있었지요. 날이 갈수록 당신은 그를 허약하게 만들었습니다. 또 당신은 영롱한 빛깔을 지닌 롤러 카나리아를 사랑한 적이 있었지요. 그런데 당신은 그를 쳐 날개를 부러뜨려 놓았습

---

1) 수메르에서는 두무지라고 불린다. 곡물의 신. 그의 아내 이시타르는 그의 죽음을 슬퍼했다. 악카디아 시(詩)에서는 이시타르가 남편 탐무즈를 찾아 지하 세계로 내려간다. 그러나 셈족의 시에서는 이난나(이시타르)가 자기의 안전한 귀환을 위해 두무지(탐무즈)를 지하 세계에 볼모로 잡혀 있게 한 것으로 되어 있다.

3. 길가메시와 이시타르 그리고 엔키두의 죽음

니다. 지금도 그는 새장에 갇혀 '카피, 카피, 내 날개, 내 날개!' 하고 울고 있습니다. 또 놀라울 정도로 센 힘을 지닌 사자를 사랑한 적이 있었지요. 그런데 당신은 그를 일곱 개의 구덩이에 가두어 놓고도 구덩이 일곱 개를 더 팠습니다. 또 전장에서 용맹을 떨친 종마(種馬)를 사랑했었지요. 그런데 당신은 그를 박차와 가죽끈으로 매어 채찍으로 치며 7리그나 강제로 걷게 하고 진흙탕으로 데려가 물을 마시게 했습니다. 그래서 그의 어머니 실릴리(Silili)를 울게 만들었지요. 당신은 양치는 목동도 한때 사랑했었지요. 그는 당신을 위해 매일 어린 양을 죽여 고기 과자를 만들어 주었지만, 당신은 그를 쳐서 승냥이로 만들어 목동들이 그를 멀리 쫓아 버리고 그의 양떼도 그를 몰라보고 도망치게 만들었습니다. 그리고 또 당신은 당신 아버지 소유의 종려나무 숲 관리인 이슐라나(Ishullana)[2]도 사랑했었지요. 그는 언제나 대추야자 열매를 가득 담아 당신 식탁에 놓아 주었는데 당신은 그에게 눈을 돌려 '사랑하는 이슐라나, 어서 이리 오세요. 나는 당신의 남성다움을 좋아해요. 어서 오세요. 나를 가지세요. 나는 당신의 것이랍니다' 하고 말했지요. 이슐라나가 '내게 원하는 것이 무엇입니까? 나는 어머니가 만든 음식을 먹으며 자랐습니다. 왜 이다지도 썩고 냄새 나는 음식을 위해 당신께 가야만 합니까? 언제나 등심초로 엮은 발〔簾〕이나마 있어 이슬을 막을 수 있겠습니까?' 하자 당신은 그를 쳐서 눈먼 두더지로 만들

---

2) 아누의 정원사. 한때 이시타르의 사랑을 받았으나 거절함. 그 때문에 그녀에 의해 두더지 또는 개구리가 되었다고 한다.

어 땅속 깊은 곳에 가두고 어떤 소원도 이루어지지 않게 만들었습니다. 그러니 만일 내가 당신을 사랑하게 된다면 나도 당신의 옛 애인들처럼 그렇게 되지 않겠습니까?"

이시타르는 이 말을 듣자 머리끝까지 화가 나서 하늘로 올라갔다. 그녀는 아버지 아누와 어머니 안툼(Antum) 앞에서 눈물을 쏟으며 울었다.

"아버지, 길가메시가 겁도 없이 나를 놀렸답니다. 지금까지 내가 한 행위를 야비하고 정당하지 못한 짓이라고 떠들어댔어요."

아누가 입을 열어 말했다.

"네가 신들의 아버지냐? 넌 길가메시 왕과 싸운 게 아니냐? 그래서 그가 너의 정당하지 못하고 야비한 행동을 들고 나오는 게 아니냐?"

이시타르가 입을 열어 다시 말했다.

"아버지, 길가메시를 쳐부술 수 있는 황소를 제게 주세요. 그리고 길가메시에겐 잔뜩 자만심을 불어넣어 스스로 파멸하게 해주세요. 만약 아버지께서 제게 하늘 황소(Bull of Heaven)를 주시지 않겠다면 지옥문을 뚫고 들어가 번개라도 휘두르겠어요. 그렇게 되면 아마 위에 있는 자들이나 저 아래 깊숙한 곳에 있는 자들도 모두 혼란 속에 빠질 거예요. 그리고 죽은 자들이 산 자들처럼 마구 먹어 치우게 하겠어요. 그러면 산 자의 수자보다 죽은 자의 수자가 더 많아질 거 아니에요?"

---

3) 이시타르를 위해 아누가 창조해 낸 가뭄의 인격화(人格化).

아누가 이시타르를 말렸다.

"만약 네가 바라는 대로 해주면 껍질뿐인 옥수수만이 남는 가뭄이 7년간 우룩에 계속될 것이다. 사람과 가축을 위해 양식을 충분히 저장해 두었느냐?"

이시타르가 대답했다.

"사람들의 양식과 짐승들이 먹을 풀은 충분히 저장해 두었어요. 7년간 알맹이 없이 헛추수만 하더라도 충분히 먹을 양식과 풀이 준비되어 있어요."

아누는 이시타르의 말을 듣고 하늘 황소에게 굴레를 씌워 우룩에 데리고 내려가게 했다. 그들이 우룩의 성문에 도착하자 황소는 강으로 갔다. 그가 한 번 콧김을 내뿜자 백 명의 청년들이 죽어 넘어졌다. 두 번째로 내뿜자 2백 명이 죽어 넘어졌다. 세 번째 콧김에는 엔키두도 두 번이나 넘어졌으나, 곧 다시 일어나 옆으로 비켜서며 황소 등에 뛰어올라 뿔을 움켜잡았다. 하늘 황소 머리에 거품이 엉겼다. 황소는 꼬리로 엔키두를 치려고 했다.

엔키두는 길가메시에게 외쳤다.

"친구여, 우린 약속했지요? 우리 뒤에 영원한 이름을 남기자고. 자, 칼로 목덜미와 뿔 사이를 찌르십시오!"

그러자 길가메시는 황소의 뒤로 돌아가 그의 꼬리를 잡고 목덜미와 뿔 사이를 칼로 찌르고 목을 베었다. 그들은 하늘 황소를 처치하여 그 심장을 도려내서는 샤마시에게 바치고 나서 휴식을 취했다.

그러자 이시타르는 벌떡 일어나 우룩의 높은 성벽에 올라가

하늘 황소를 죽이고 있는 길가메시와 엔키두 그리고 그들을 저지하려고 노력하는 여신 이시타르를 나타내고 있는 것으로 추정되는 청색 옥수인장(玉髓印章)의 날인

탑 위에 서서 저주를 퍼부었다.

"길가메시에게 재앙이 있으라. 그는 나를 욕하고 하늘 황소를 죽였다."

엔키두는 이 소리를 듣고 황소의 오른쪽 넓적다리를 베어 그녀에게 던지며 대꾸하였다.

"내가 네게 할 수 있는 일이 있다면 바로 이것이다. 창자도 빼어 네게 뿌리리라."

그러자 이시타르는 무희(舞姬), 가수(歌手), 매춘부들을 불러모아 하늘 황소의 넓적다리를 위해 애가(哀歌)를 부르게 하였다.

그러나 길가메시는 대장장이와 무기 만드는 자들을 불러모았다. 그들은 거대한 뿔을 보고 놀랐다. 그것은 손가락 두 개 두께의 유리로 덮여 있었다. 뿔 한 개의 무게가 30파운드나 되었고, 부피는 기름이 여섯 되나 들어갈 만큼 엄청난 것이었다. 길가메시는 그것을 수호신 루굴반다에게 바쳤다. 그리고 그 뿔을 궁정으로 옮겨다 벽에 걸어 두었다.

그러고 나서 그들은 유프라테스 강에서 손을 씻고 짝을 지어 헤어졌다. 그들은 우룩의 거리로 행진해 나아갔다. 사람들이 그들을 보려고 몰려들었다. 길가메시가 가수들에게 대답했다.

"누가 가장 위대한 영웅이냐? 인간 중에 가장 뛰어난 자는 누구냐?"

그러자 그들은,

"길가메시야말로 가장 뛰어난 영웅, 그는 인간 중의 가장 위대한 분이십니다."

라고 대답하였다

궁전에선 축제가 벌어지고 환호성과 음악이 터져나왔다. 영웅들은 잠자리에 누우며

"자, 밤새도록 편히 쉬어 보자"

하였다.

동이 트자 엔키두가 일어나 길가메시에게 외쳤다.

"형이여! 지난밤에 꿈을 꾸었습니다. 아누와 엔릴, 에아와 샤마시 등 하늘의 신들이 모여 상의하고 있었습니다. 아누가 엔릴에게 '그들이 하늘 황소와 향나무 숲 속의 산을 지키던 훔바바를 죽였으니 그들 중 하나는 죽여야 한다'고 말하더군요. 그때 샤마시가 엔릴에게 '그들이 하늘 황소를 죽이고 훔바바를 죽인

사람 머리를 한 가로누운 황소의 조각.
커다란 날개 달린 황소들과 사자들이 왕궁과 신전의 입구들을 장식하고 지켰다.

것은 모두 당신이 바랐기 때문이 아닙니까? 그런데 죄 없는 엔키두가 죽어야만 합니까?' 하고 묻더군요. 그러나 엔릴은 화를 벌컥 내며 '네가 감히 그런 말을 할 수 있느냐? 너는 그들과 한 패처럼 언제나 그들과 붙어 다니지 않았느냐?' 하고 샤마시를 책망합니다."

그러면서 엔키두는 길가메시 앞에 길게 몸을 뻗고 누웠다. 눈에서는 눈물이 한없이 흘러내렸다. 그는 길가메시를 보며,

"당신은 둘도 없는 내 형제, 그러나 그들이 나를 데려간다는군요"

하고 슬퍼했다.

"나는 시체가 놓인 상(床) 위에 눕게 될 것이고, 다시는 당신을 볼 수 없게 될 것입니다."

엔키두는 외로움 속에서 고통을 받으며 마치 살아 있는 생물에게 욕하듯 성문(城門)을 저주하였다.

"너, 거기 나무로 만들어진 문아! 어리석고 둔한 놈, 난 널 구하러 20리그나 되는 거리를 헤매다가 드디어 탑처럼 높은 향나무를 보았다. 우리 나라에는 너 같은 나무가 없었다. 높이가 72큐빗(1큐빗은 팔꿈치에서 가운뎃손가락까지의 길이. 약 43~53센티미터), 둘레가 24큐빗으로 축(軸)이나 물미, 문설주 등을 만들기에 충분하였지. 니푸르(Nippur)에서 목수를 데려다 너를 만들었다. 그러나 오! 내가 종말을 미리 알았더라면! 그 종말이 이러하리라는 것을 미리 알았더라면, 너를 도끼로 찍어 조각내 버리고 대신 잔가지를 엮어 문을 만들어 세웠을 텐데! 아! 미래의 어떤 다른 왕이 너를 이곳에 가져왔더라면! 아니면 신이 너를 만들었더라면! 그가 내 이름을 지우고 자신의 이름을 새겨 재앙이 나 대신 그에게 내렸더라면!"

다음날 첫 햇살이 퍼지자 엔키두는 머리를 들어 태양신 앞에서 울었다. 햇빛 속에서 그의 눈물이 반짝였다.

"태양신이여! 당신께 하소연합니다. 그 몹쓸 사냥꾼, 그 때문에 이 꼴이 되었습니다. 그에게 재앙을 내리시어 사냥감도 줄이시고 궁핍하게 만드소서. 그를 약하게 하시고 모든 몫에서 가장 적은 몫을 그에게 주시고 덫에 걸린 동물들은 도망치게 해주소서!"

그는 마음이 흡족할 때까지 사냥꾼을 저주한 다음 이번에는 창녀를 욕하기 시작했다.

"너, 여인아! 네게 저주를 내리노라! 이 저주는 영원토록 네게 임하리라. 내 저주는 갑자스런 순간에 네게 내려지리라. 너는 지붕 없는 집에서 몸을 팔아야 하리라. 너는 도움없이 장사해야 하리라. 아무도 너와 한집에서 일하지 않을 것이다. 주정뱅이가 토해 놓은 토사물(吐瀉物) 속에서 네 몸을 팔아야 하리라. 네가 번 것은 도공(陶工)의 손에 쥔 흙덩이처럼 될 것이고, 네가 훔친 것들은 쓰레기 속으로 사라지리라. 너는 길거리에서 일하는 도공의 일터 먼지 속에 앉아 슬퍼하리라. 밤에는 똥더미 위에 잠자리를 펴고 낮에는 담벼락 그늘에 쭈그리고 앉아야 하리라. 네 발은 가시와 나뭇조각으로 찢어지고 네 뺨은 취기(醉氣)와 갈증으로 쭈그러지며 네 입은 고통을 토해 내리라. 네가 입었던 자줏빛 옷을 벗기우리라! 나도 한때 숲 속에서 내 아내와 원하던 모든 보물을 가졌던 적이 있었노라."

샤마시가 엔키두의 저주를 듣고 하늘에서 그를 불렀다.

"엔키두야, 왜 그 여인을 저주하느냐? 그녀가 네게 신들이 먹는 빵을 주었고, 왕들의 술을 마시는 법도 가르쳐주지 않았느냐? 네게 화려한 옷을 입혀 준 사람도 그녀가 아니더냐? 그녀가 너를 길가메시에게 데려다 주어 친구가 되게 하였고, 길가메시는 너의 둘도 없는 형제가 되어 너를 왕궁의 침대에서 쉬게 하고 왼팔로 삼아 자기를 돕게 하지 않았더냐? 그는 온 땅의 왕자들로 하여금 네 발에 입맞추게 했고, 더구나 지금은 우룩의 온 백성들이 너를 위해 슬퍼하고 있다. 네가 죽으면 그는 너를 위해 머리를 길게 풀고 사자의 가죽을 입고 사막을 헤맬 것이다."

샤마시의 말을 듣자 엔키두는 분노가 가라앉아 저주를 번복하였다.

"여인아! 네게 다른 운명을 약속하리라. 너를 저주하던 입으로 너를 축복하노라. 왕들이, 왕자와 영웅들이 너를 우러러보리라. 4 리그나 떨어져 있는 사나이가 자기 넓적다리를 치며 네게 달려오리라. 너를 위해 그는 허리띠를 풀고 자기의 보물을 열 것이며 너는 그 보물더미에서 유리, 금, 홍옥 등 네가 바라던 보석들을 얻으리라. 네 손목에 맞는 팔찌와 화려한 옷감을 얻으리라. 사제(司祭)들이 너를 신들 앞에 데리고 나갈 것이다. 너로 인해 한 아내, 일곱 자식을 둔 어머니가 버림받을 것이다."

엔키두는 혼자 고통 속에서 잠자고 나서 자기의 비통한 심정을 친구에게 말해 주었다.

"향나무를 벤 것도 나였고, 숲을 뒤집어엎은 것도 나였고, 훔바바를 쓰러뜨린 것도 나였습니다. 그리고 지금은 내 앞날이 어떻게 되리란 것도 알고 있답니다. 친구여, 들어 보구료. 어젯밤에 이런 꿈을 꾸었습니다. 하늘이 진동하고 그에 응답해 땅이 진동하는 사이에 사람도 아니고 새도 아닌 음흉한 얼굴을 한 괴물이 내 앞에 나타났어요. 그는 자기가 할 일을 내게 일러 주었습니다. 그의 얼굴은 흡혈귀(吸血鬼)와 같았고, 사자 다리에 독수리 발톱을 하고 있었습니다. 그는 내게 덮쳐 내 머릿속에 발톱을 깊숙이 박고 나를 숨이 막히게 꽉 움켜 쥐었습니다. 그는 내 팔이 날개가 되도록 내 모습을 바꾸어 버렸습니다. 그러고 나서 나를 노려보더니 지하 세계의 여왕 이르칼라(Irkalla)[4]의

---

4) 에레시키갈의 다른 이름. 지하 세계의 여왕.

궁전으로 데려갔습니다. 그곳은 한번 들어가면 다시는 나오지 못하며, 한번 내려가면 다시는 거슬러 올라올 수 없는 곳이었습니다. 그곳에는 집이 한 채 있었는데, 그 안은 캄캄했고 사람들이 어둠 속에 앉아 있었습니다. 먼지가 그들의 음식이었고 진흙이 그들의 살코기였습니다. 그들은 새처럼 날개와 털로 몸을 가리고 빛을 보지 못한 채 어둠 속에 앉아 있었습니다. 그 먼지의 집에 들어가니 각 나라의 왕들이 보였습니다. 그들의 왕관은 벗겨진 채 다시는 씌워지지 않았습니다. 군주(君主)들과 왕자들도 보았는데, 그들은 지난날 언젠가 세상을 지배하며 왕관을 썼던 적이 있던 자들이었습니다. 아누나 엔릴 같은 신들의 자리에 있던 자들이 이제는 먼지의 집에서 구운 고기를 나르는 종들처럼, 음식과 물주머니에서 물을 따르는 종들처럼 서 있었습니다. 먼지의 집엔 제사장(祭司長)과 그 조수들, 마술사와 무당들도 있었습니다. 또 신전에서 일하던 자들과 언젠가 독수리가 하늘로 데려간 키시(Kish)의 왕 에타나(Etana)도 있었습니다. 양떼의 신사 무칸과 지하 세계의 여왕 에레시키갈(Ereshkigal)도 보았습니다. 벨릿셰리(Belit-Sheri)가 그녀 앞에 자리잡고 앉아 있더군요. 그녀는 신들의 말을 기록하며 사자(死者)의 명부(名簿)를 지

---

5) 홍수 이후 키시를 통치했다는 설화적인 임금. 한 설화에서 그는 독수리의 등에 타고 하늘로 올라갔다고 전해진다.

6) 지하 세계의 여왕이며, 페르세폰의 짝. 한때는 하늘의 여신이었는지도 모른다. 수메르 우주 발생 설화에서는 하늘과 땅이 갈라진 뒤 지하로 내려간 것으로 되어 있다.

7) 지하 세계 신들의 서기관 겸 조수.

키고 있었습니다. 그가 명부를 읽다 그 중 하나를 들더니 나를 쳐다보았습니다. '이 자를 데려온 게 누구요?' 그 순간 나는 피가 말라버리도록 가시덤불이 깔린 광야를 헤맨 사람처럼, 사형 집행리(執行吏)에게 붙잡힌 사람처럼 공포를 느끼며 꿈에서 깨났습니다."

엔키두의 말을 듣자 길가메시는 자기의 옷을 찢고 눈물을 흘리며 울었다.

"이 강한 성(城) 우룩 안에 그보다 나은 지혜를 가진 자가 누구냐? 그는 이상한 사실들을 말하였다. 어찌 이런 것들을 말하고 있는가? 놀라운 꿈이지만 그러나 두려움은 더 크다. 아무리 두려워도 기필코 꿈의 뜻을 캐어 보고 말겠다. 이 꿈은 아무리 강한 자라도 언젠가 그에게 닥쳐올 비극을 암시해 주고 있다. 삶의 최후는 슬픈 것이다."

그러면서 길가메시는 슬피 울었다.

"이제 거룩한 신들에게 기도해 보리라. 이는 내 친구가 불길한 꿈을 꾸었기 때문이다."

엔키두는 꿈을 꾼 이튿날 하루 종일 고통 속에 누워 침대를 벗어나지 않았다. 그의 고통은 더해 갔다. 그는 숲을 버리고 떠나도록 만든 친구 길가메시에게,

"그 옛날, 나는 당신을 위해 생명의 물을 얻으려고 달렸었지요. 그러나 지금은 아무것도 남는 게 없습니다."

하며 한숨을 쉬었다. 이틀째 되는 날에도 그는 침대에 누워 있었고 길가메시는 그를 지켜보고 있었다. 그러나 그의 고통은 점점 심해져 갔다. 사흘째 되는 날, 침대에 누워 있던 그는 길가메

시를 불러서 일으켜달라고 했다. 이제 그는 쇠약해졌고 그의 눈은 눈물로 멀어 버렸다. 그는 열흘을 누워 있었고 고통은 점점 더 심해져 갔다. 그는 열하루, 열이틀을 고통의 침대에 누워 있었다. 그때 그는 길가메시를 불렀다.

"친구여, 거룩한 여신(女神)이 나를 저주했습니다. 그러니 수치 속에 죽을 수밖에 없군요. 전장에서 쓰러지는 전사(戰士)처럼 죽을 수도 없습니다. 전엔 쓰러지는 것이 싫었습니다만 그래도 전장에서 쓰러지는 자는 행복합니다. 나는 수치 속에 죽을 수밖에 없으니 말입니다."

길가메시는 엔키두를 위해 통곡했다. 새벽, 첫 햇살이 퍼질 무렵 그는 소리 높여 우룩의 시민들에게 외쳤다.

    우룩의 위대한 자들이여,
    내 말을 들으라.
    나는 내 친구 엔키두를 위해 통곡하노라.
    여인이 곡(哭)을 하듯 슬픔에 젖어
    내 형제를 위해 우노라.
    오, 나의 형제 엔키두
    그대는 나의 편, 나의 도끼였다.
    내 손의 힘이었고, 내 허리띠의 칼이었다.
    내 앞의 방패였고
    위대한 갑옷, 내 가장 아끼는 예복이었다.
    악한 운명이 내게서 그대를 훔쳐갔다.
    들의 나귀와 영양들이

3. 길가메시와 이시타르 그리고 엔키두의 죽음

그대의 아버지였고 어머니였다.
그대를 키운 꼬리 긴 모든 동물들이
그대를 위해 울고 있다.
향나무 숲 속, 그대가 사랑하던 길들이
밤과 낮으로 흐느끼고 있다.
강한 성 우룩의 위대한 자들도
그대를 위해 울리라.
축복의 손이,
곡하는 이에게 펴지리라.
어린 동생, 엔키두여, 들어 보라.
온 나라에 한 울림이 있으니
곡하는 어머니 같다.
우리가 함께 거닐던 모든 길들이 울고
우리가 사냥한 곰과 하이에나,
호랑이와 반달곰, 사자와 표범,
수사슴과 들염소, 황소와 토끼들,
맹수들이 울고 있구나.
우리가 함께 거닐던 둑을 따라 흐르는 강도
그대를 위해 울고 있다.
엘람의 울라도 사랑스런 유프라테스도.
언젠가 거기서 우린 물주머니에 물을 채웠지.
우리가 올라가 파수꾼을 벤 그 산도
그대를 위해 울고 있다.
하늘 황소를 벤

강한 성 우룩의 전장(戰場)도
그대를 위해 울고 있다.
에리두(Eridu)의 온 백성이
그대 엔키두를 위해 울고 있다.
그대에게 양식을 주어 먹게 했던 자들도
지금 그대를 위해 곡하고 있다.
그대 등에 기름을 바르던 자들도
지금 그대를 위해 곡하고 있다.
그대에게 술을 따라 주던 자들도
지금 그대를 위해 곡하고 있다.
향기 나는 약으로 그대를 치료하던 그 창녀도
지금 그대를 위해 슬피 울고 있다.
그대에게 좋은 반려(伴侶)가 된
아내를 데려다 준 궁전의 여인들도
지금 그대를 위해 슬퍼하고 있다.
그리고 그대의 형제, 젊은이들이
마치 여인들처럼
머리를 길게 늘어뜨리고 곡하고 있다.
지금 그대를 붙잡고 있는 이 잠은 무엇인가?
그대, 암흑 속으로 사라져
내 말은 듣지도 못하는구나.

그는 엔키두의 가슴을 두드려 보았으나 가슴은 뛰지 않았고 눈도 다시 뜨지 못했다. 그의 가슴을 만져 보니 조용히 정지돼 있었다. 길가메시는 마치 신부(新婦)에게 씌우듯 친구의 머리에 세마포를 씌웠다. 그리고 마치 새끼를 빼앗긴 어미 사자처럼 울부짖었다. 그는 침대 모퉁이에 붙어 서서 머리를 뜯어 사방에 날렸다. 그리고 자기의 화려한 옷을 벗어 역겨운 것을 버리기라도 하듯 팽개쳐버렸다.

새벽, 첫 햇살이 퍼질 때 길가메시는 일어나 외쳤다.

"내 그대를 궁중의 침대에 눕게 하였고, 왼팔이 되어 나를 돕게 하였으며 온 땅의 왕자들이 그대 발에 입맞추게 하였다. 내 그대를 위해 온 백성으로 하여금 울며 장송곡(葬送曲)을 부르게 하리라. 기쁨을 즐기던 자들은 슬퍼할 것이며, 그대가 땅속으로 들어가는 날 나도 그대를 위해 머리를 풀리라. 사자의 가죽을 입고 광야를 방황하리라."

그 다음날도 동이 틀 무렵 길가메시는 눈물을 흘리며 엔키두를 위해 울었다. 이레 낮과 이레 밤을, 벌레가 엔키두의 몸을 파먹을 때까지 그를 위해 울었다. 그런 다음에야 그는 엔키두를 땅에게 양보하였다. 심판자 아눈나키가 그를 사로잡았기 때문이다.

그 후 길가메시는 온 나라에 명령을 내렸다. 구리와 금을 다루는 대장장이와 석공들을 불러 친구의 동상을 만들라고 명령했다. 가슴은 거대한 유리로, 몸통은 금으로 만들도록 했다. 단단한 목재로 만든 제대(祭臺)가 꾸며지고 그 위에 꿀이 가득 든 홍옥 병과 버터가 담긴 유리 항아리를 차려 놓았다. 길가메시는 이것들을 태양에게 바치고 울면서 먼 길을 떠났다.

4. 영원한 생명을 찾아서

4. 영원한 생명을 찾아서

 길가메시는 그의 친구 엔키두를 잃고 비탄에 빠져 울었다. 사냥꾼이 되어 광야를 헤매며 들을 방황하였다. 그는 비통하게 외쳤다.
 "내 어찌 편히 쉴 수 있겠는가! 어찌 편안히 지낼 수 있겠는가! 내 마음은 절망으로 가득 찼다. 내 형제는 지금 어디에 있는가? 내가 죽는 날, 나도 또한 그럴 수밖에 없지 않겠는가? 죽음이 두렵다. 있는 힘을 다해 '머나먼 곳'이라 불리는 우투나피시팀(Utunapishtim)'을 찾아가리라. 그는 신들의 모임에 들어갈 수 있었으니까."
 길가메시는 들을 지나고 광야를 방황하며 우트나피시팀을 찾아 먼 여행을 떠났다. 우트나피시팀은 홍수에서 살아남은 유일

---

1) 수메르의 지우수드라(Ziusudra). 수메르 시(詩)에서의 그는 슬기로운 왕이며 슈르루팍의 제사장이다. 악카디아 자료에서의 그는 슈르루팍의 지혜로운 시민이다. 우바라투투의 아들이며, 그의 이름은 '생명을 본 자'라고 번역된다. 그는 에아의 특별한 사랑을 받고 있으며, 그의 귀띔으로 홍수를 피할 수 있었다. 마침내 그는 신들에 의해 '강들의 입구'에서 영원히 살 수 있게 되었고, '머나먼 곳'이라는 별명이 붙게 되었다.

한 생존자로서 신들은 오직 그에게만 영원한 생명을 주어 태양의 정원인 딜문(Dilmun) 땅에 살도록 했던 것이다.

밤이 되어 산길에 접어들자 길가메시는 이렇게 기도했다.

"먼 옛날, 이 산길에서 사자를 본 적이 있습니다. 나는 두려워서 눈을 들어 달에게 빌었습니다. 신들은 내 기도를 들어주었습니다. 그러니 달의 신, 신(Sin)이여, 나를 지켜 주소서."

기도를 하고 그는 쓰러져 잠들었다. 그러나 그는 한 꿈에서 깨났다. 그의 주위에 기운이 왕성한 사자들이 몰려든 것을 그는 보았다. 그는 도끼를 잡고 허리에서 칼을 뽑아 쏜살같이 내달아 그들을 쓰러뜨리고 물리쳤다.

오랜 여행 끝에 길가메시는 전에 들은 적이 있던 거대한 산맥 마슈(Mashu)에 도달했다. 그 산은 해가 지고 뜨는 것을 지키고 있었다. 우뚝 솟은 두 봉우리는 하늘 성벽에까지 이르렀고, 골짜기는 지하 세계에까지 미쳤다. 산 입구는 반은 인간, 반은 용인 문지기 스코르피온(Scorpion)들이 지키고 있었다. 그들은 무시무시하게 생겼으며, 그들이 노려보면 인간은 죽음을 피할 수가 없

---

2) 수메르인들이 생각하는 낙원. 페르시아 만이라고도 여겨지며, 때로 '해가 뜨는 곳' 혹은 '생명의 나라'라고도 불린다. 수메르의 홍수의 영웅 지우수드라가 영원히 살도록 신들에 의해 마련된 곳이다.

3) 수메르에서는 난나(Nanna)라고 불린다. 달을 뜻함. 수메르 천체 신 중에 으뜸가는 위치를 차지하고 있으며 태양인 샤마시와 이시타르의 아버지이다. 그의 부모는 엔릴과 닌릴. 우르에 그의 신전이 있다.

4) 악카디아어로 '쌍둥이'를 의미한다. 두 봉우리를 가진 산으로 해가 떴다가 시는 곳이다.

었다. 그들은 태양을 지키는 산을 쓸어 버릴 만큼 위력 있는 광채를 지니고 있었다. 길가메시는 그들을 보고 한참 동안 눈을 감고 있어야 했다. 그런 다음 용기를 내어 앞으로 나아갔다.

그들은 길가메시가 거침없이 다가오는 것을 보자 서로 속삭였다.

"지금 우리에게 다가오는 저 사람은 신의 아들이구나!",

"3분의 2는 신이고 3분의 1은 인간이다."

그리고 그 중 하나가 신들의 아들인 인간 길가메시에게 물었다.

"웬일로 이런 위험한 여행을 하시오? 어떤 목적으로 사나운 바다를 건너 이렇게 멀리까지 왔소? 당신이 온 이유가 뭔지 말해 주시오."

길가메시가 대답했다.

"엔키두 때문이랍니다. 나는 그를 지독하게 사랑했었지요. 우리는 함께 온갖 고난을 겪었습니다. 그 때문에 왔습니다. 인간이면 누구나 당하는 운명이 그를 데려갔거든요. 나는 그를 위해 밤낮으로 울었습니다. 그의 시체를 묻지도 않았습니다. 다시 살아날 것 같은 생각 때문이었지요. 그가 죽은 후로 내 삶은 사라졌습니다. 이것이 여기까지 아버지 우투나피시팀을 찾아온 이유입니다. 사람들은 그가 신들의 모임에 참석했고 영원한 생명을 얻었다고 하더군요. 그에게 죽는 것과 사는 것에 대해 묻고 싶습니다."

인간 모습을 한 스코르피온이 입을 열어 길가메시를 말렸다.

"여인의 몸에서 난 자 중 지금까지 이런 요구를 한 자는 아무도 없었소. 이 산에 들어간 인간은 하나도 없었소. 그 넓이가 20 리 그나 되고 전체가 어둠뿐이오. 그 안엔 빛이 없고 가슴은 어둠에 압도되고 말아요. 해가 뜰 때부터 질 때까지 빛이라곤 없소."

그러나 길가메시는 고집을 꺾지 않았다.

"내 비록 슬픔과 고통 속에서 한숨 짓고 울며 간다 할지라도 가야겠습니다. 산의 문을 열어 주십시오."

그러자 스코르피온은,

"가시오, 길가메시. 마슈 산을 지나 높은 산맥으로 가도 좋소. 부디 당신 발이 당신을 무사히 당신 집에까지 데려다 주길 바라오. 자, 산의 문은 열렸소."

하고 말했다.

길가메시는 이 말을 듣고 그대로 따랐다. 그는 산을 돌아 해 뜨는 쪽으로 난 길을 따라갔다. 1 리그쯤 가자 어둠이 짙어졌다. 빛이 없어 앞뒤가 보이지 않았다. 2 리그를 가자 어둠은 더욱 짙어지고 빛이 없어 앞뒤 아무것도 보이지 않았다. 3 리그를 가니 어둠은 더욱 짙어지고 빛이 없어 앞뒤 아무것도 볼 수 없었다. 4 리그를 가니 어둠은 더욱 짙어지고 빛이 없어 앞뒤가 보이지 않았다. 5 리그를 가니 어둠은 더욱 짙어지고 빛이 없어 앞뒤가 보이지 않았다. 6 리그를 가니 어둠은 더욱 짙어지고 빛이 없어 앞뒤 아무것도 보이지 않았다. 7 리그를 가니 어둠은 더욱 짙어지고 빛이 없어 앞뒤 아무것도 보이지 않았다. 8 리그를 갔을 때 길가메시는 크게 소리쳤다. 어둠이 짙어 아무것도 볼 수 없었기 때문이다. 9 리그를 가니 얼굴에 북풍이 와 닿는 것 같았다. 그러나 어둠은 더욱 짙어졌고 빛이 없어 앞뒤 아무것도 볼 수 없었다. 10 리그를 가니 이제 다 온 것 같았다. 11 리그를 가니 새벽빛이 나타났다. 12 리그를 가니 태양빛이 새어나왔다.

거기엔 신들의 동산이 있었다. 보석이 달린 나무들도 심어져 있었다. 그것을 보고 길가메시는 한 걸음 아래로 내려섰다. 나뭇가지를 감은 덩굴을 따라 홍옥 열매가 달려 있었고 그것은 볼수록 아름다왔다. 유리 잎들과 열매가 향기를 내뿜고 있고 엉경퀴와 떨기나무에도 붉은 색이 도는 진기한 보석들과 마노(瑪瑙), 바다에서 나는 진주들이 달려 있었다.

샤마시는 해변가를 따라 동산을 거닐고 있는 길가메시를 보았다. 그리고 그가 동물 가죽옷을 입고 짐승 고기를 먹고 있는 것을 보았다. 샤마시는 기분이 상했다. '이제까지 이런 꼴로 여기에 온 인간은 없었다. 그리고 앞으로도, 바람이 바닷물을 다 말릴 때까지도 없을 것이다.' 그러곤 그는 길가메시에게 말했다.

"넌 네가 찾는 영원한 생명을 구할 수 없을 것이다."

그러자 길가메시가 말했다.

"지금까지 광야를 지나 이렇게 멀리까지 방황하며 고난을 참고 왔는데, 여기에 누워 흙 속에 내 머리를 영원히 묻어야만 한단 말입니까? 태양을 바라보아 눈이 부실 때까지 당신을 보게 하소서. 내 비록 죽은 자나 다름없으나 제발 태양의 빛만은 보게 하소서."

바닷가에는 포도로 술을 만드는 시두리(Siduri)라는 여인이 살고 있었다. 그녀는 신이 준 황금 술통을 안고 몸을 베일로 감싸고 앉아 있었다. 앉은 자리에서 그녀는 길가메시가 다가오고 있는 것을 보았다. 그는 가죽옷을 입고 있었으며, 몸은 신의 광채로 빛났으나 가슴엔 절망을 안고 있었다. 그의 얼굴은 마치 오랜 여행에서 돌아온 사람의 얼굴 같았다. 그녀는 그와의 거리를 마음속으로 재어보면서 생각했다. '저자는 무언가 큰 죄를 지었음에 틀림없다. 대체 어디로 가는 것일까?' 그녀는 그가 들어오지 못하도록 대문에 빗장을 걸고 못을 박았다.

그러나 못박는 소리를 듣고 길가메시가 달려와 대문 안으로 발을 들여놓았다.

"술 만드는 젊은 여인아, 무슨 이유로 문에다 못을 박는가? 무엇을 보았길래 대문에 빗장을 거는가? 나는 대문을 부수고 방으로 쳐들어갈 수도 있다. 하늘 황소를 죽이고, 향나무숲에 살면서 숲을 지키던 훔바바를 집어던지고, 산길에서 만난 사자들도 찢어 죽인 길가메시가 바로 나다."

그러자 시두리가 물었다.

"당신이 하늘 황소를 죽이고, 향나무숲의 파수꾼 훔바바를 집어던지고, 산길에서 만난 사자들을 찢어 죽인 길가메시라면, 어째서 뺨이 그렇게 야위었고 얼굴은 어둡지요? 왜 당신 얼굴은 마치 긴 여행을 마친 사람의 얼굴같이 피곤해 보입니까? 그렇습니다. 어째서 당신 얼굴은 추위와 열기에 그을었으며, 또 바람 찾아 광야를 지나 방황하며 여기까지 온 이유는 무엇입니까?"

길가메시가 대답했다.

---

5) 술 만드는 여인. 바닷가 태양의 뜰에 살고 있다. 그녀의 이름은 '젊은 여인'을 의미한다. 이시타르의 다른 형상일지도 모른다.

"모든 것이 사실이 아니라면 어찌 내 뺨이 야위고 얼굴이 어둡지 않을 수 있겠는가? 내 가슴속에는 절망이 있고 내 얼굴에는 긴 여행을 마친 자의 피곤함이 있으며, 그 얼굴은 추위와 열기로 그을었다. 내 어찌 바람 찾아 광야를 지나며 방황하지 않을 수 있겠는가? 내 친구이자 내 동생이 있었다. 그는 광야에서는 나귀를 잡았고 들판에서는 표범들을 잡았다. 내 친구이자 내 동생은 하늘 황소를 잡아 죽이고 향나무숲 속에서 훔바바를 집어던졌다. 그는 내게 정성을 다했고 내 옆에 있어 나를 위험에서 건져 주었다. 나도 그를 사랑했으나 죽음이 그를 잡아갔다. 그의 몸이 벌레들에게 파먹히기까지 이레 낮과 밤 동안 그를 위해 나는 울었다. 내 동생으로 인해 나는 죽음이 두려워졌다. 그 때문에 광야를 헤매며 편히 쉬지 못하게 된 것이다. 그러니 술 만드는 여인아, 이제야 그대를 만나게 되었으니 내가 이다지도 두려워하는 죽음의 얼굴을 보지 않게 해다오."
그녀가 말했다.
"길가메시여, 어디로 급히 가려 하십니까? 당신은 생명을 찾을 수 없을 것입니다. 신들이 인간을 만들 때 인간에게 죽음도 함께 붙여 주었습니다. 그리고 생명만은 그들이 보살피도록 남겨두었습니다. 길가메시여, 당신에게 충고를 드리죠. 좋은 음식으로 배를 채우십시오. 낮으로 밤으로, 밤으로 낮으로 춤추며 즐기십시오. 잔치를 벌이고 기뻐하십시오. 깨끗한 옷을 입고 물로 목욕하며 당신 손을 잡아 줄 어린 자식을 낳고, 아내를 당신 품안에 꼭 품어 주십시오. 왜냐하면 이것 또한 인간의 운명이니까요."

그러나 길가메시는 젊은 여인 시두리에게 말했다.

"사랑하던 엔키두가 먼지로 변했는데, 그리고 나 또한 죽어 땅속에 묻힐 텐데 어찌 편히 쉴 수 있겠는가? 잠자코 있을 수 있겠는가? 그대는 바닷가에 살고 있으니 바다 속도 알고 있을 것이다. 젊은 여인아, 우바라투투(Ubara-Tutu)의 아들 우투나피시팀에게 갈 수 있는 길을 일러주지 않겠는가? 그 길을 갈 때 주의할 점은 무엇인가? 오! 제발 좀 알려다오. 갈 수만 있다면 대해(大海)라도 건너겠다. 만일 갈 수 없다면 나는 다시 계속 광야를 헤맬 것이다."

술 만드는 여자가 대답하였다.

"길가메시여, 대해를 건너는 길은 없습니다. 먼 옛날부터 여기까지 온 자들 중 아무도 이 바다를 건넌 자는 없습니다. 태양만은 당당하게 건널 수 있지요. 샤마시 외엔 아무도 건너지 못합니다. 그곳으로 가는 길은 위험하기 짝이 없고 도중엔 죽음의 파도가 친답니다. 길가메시여, 어떻게 당신이라고 건널 수 있겠습니까? 그러나 길가메시여, 숲 속에 가면 우트나피시팀의 뱃사공 우르샤나비(Urshanabi)를 만날 수 있을 것입니다. 그는 돌로 된 거룩한 물건들을 가지고 있답니다. 그는 뱀 모양의 뱃머리를

---

6) 슈르루곽의 왕이며 우투나피시팀의 아버지. 우투나피시팀 외에 홍수 이전 〈열왕기〉에 기록된 유일한 키시의 왕이다.

7) 고대 바빌로니아에서는 수르수나부(Sursunabu)로 불렸다. 우투나피시팀의 뱃사공으로 매일 태양의 뜰과 우투나피시팀이 영원히 사는 낙원(딜문)을 가르는 죽음의 파도를 노를 저어 건넌다. 길가메시를 건네 줌으로써 직분을 잃고 그와 함께 우룩으로 돌아간다.

깎고 있을 것입니다. 그에게 잘 보이세요. 그러면 그와 함께 파도를 넘을 수 있는 방법이 생길지도 모르겠습니다. 그러나 그것이 불가능하다면 되돌아갈 수밖에 없겠지요."

길가메시는 이 말을 듣자 화가 머리 끝까지 솟아올랐다. 그는 도끼를 손에 들고 허리에서 칼을 빼어 든 다음 몸을 앞으로 숙이고 창(槍)처럼 달려나갔다. 그리고 숲 속으로 들어가 주저앉았다. 우르샤나비는 칼이 번쩍이는 것을 보았고 도끼 소리도 들었다. 길가메시가 화가 나 배의 고패 장치를 부숴버렸으므로 그는 길가메시의 머리를 쳤다. 그러곤 이렇게 말했다.

"당신은 누구시오? 나는 우르샤나비라는 우투나피시팀의 뱃사공이오."

길가메시가 대답하였다.

"내 이름은 길가메시다. 나는 아누의 나라 우룩에서 왔다."

그러자 우르샤나비가 그에게 말했다.

"어째서 그대의 뺨은 야위고 얼굴은 어둡습니까? 가슴에는 절망을 품고 마치 긴 여행을 마친 자의 피곤한 얼굴을 한 이유는 무엇입니까? 얼굴을 열과 추위에 그을리면서 이렇게 멀리까지 바람을 찾아 방황하며 들판을 헤맨 이유는 무엇입니까?"

길가메시가 대답하였다.

"어찌 내 뺨이 야위고 얼굴이 어둡지 않을 수 있겠는가? 내 가슴속에는 절망이 있고 나의 얼굴은 긴 여행을 마친 자의 얼굴과 같다. 어찌 열과 추위에 그을리며 광야를 지나 방황하지 않을 수 있겠는가? 하늘 황소를 죽이고 향나무숲에서 훔바바를 내던지던 내 친구, 나를 정성껏 보살피며 내 곁에서 위험을 막아 주던 내 친구, 사랑하던 내 동생 엔키두를 죽음이 빼앗아갔다. 그의 몸을 벌레가 파먹기까지 이레 낮과 밤을 그를 위해 울었다. 나의 동생으로 인해 나는 죽음이 무서워졌다. 나의 동생으로 인해 나는 광야를 헤매게 되었다. 그의 운명이 내게도 무겁게 내리누르고 있다. 그러니 어찌 편히 쉴 수 있겠는가? 어찌 조용히 있을 수 있겠는가? 그는 먼지가 되었고 나 역시 죽어 땅 속에 영원히 묻히게 될 것이다. 나는 죽음이 두렵다. 그러니 우르샤나비여, 내게 우투나피시팀에게 가는 길을 일러주지 않겠는가? 갈 수만 있다면 죽음의 파도라도 건너겠다. 갈 수 없다면 다시 광야를 헤맬 수밖에 없겠지."
우르샤나비가 대답하였다.
"길가메시여, 바로 그대 손이 그대로 하여금 바다를 건너지 못하게 막아버렸소. 그대가 고패 장치를 부숴버렸으므로 배는 안전하게 바다를 항해할 수 없게 되었소."
그 일로 둘은 다시 다투었다. 그러고 나서 길가메시가 입을 열었다.
"우르샤나비여, 왜 내게 화를 내는가? 그대는 스스로 밤이든 낮이든 바다를 건널 수 있지 않는가? 어떤 계절이든 바다를 건널 수 있지 않는가?"
그러자 우르샤나비가 대답했다.
"길가메시여, 그대가 부숴버린 것은 죽음의 파도가 나를 해치지 못하도록 지켜 주어 안전하게 바다를 건너게 해주는 것이오. 그것을 귀중히 여기는 까닭은 그 때문이라오. 그러나 그대가 그것을 부숴버리고 게다가 우르누(urnu) 뱀까지도 부숴버렸으니…… 자, 길가메시여, 숲에 가서 60큐빗만한 길이로 기둥 1백 20개를 만들어 역청을 칠해 쇠테로 묶어 오시오."

길가메시는 숲 속으로 들어가 60큐빗씩 되게 기둥 1백 20개를 자른 다음 역청으로 칠하고 쇠테로 묶어 우르샤나비에게 가져다 주었다. 그들은 배 위에 탔다. 그리고 대해의 파도 위에 배를 띄웠다. 그들은 한 달 보름에 갈 수 있는 거리를 사흘에 달렸다. 그리고 마침내 죽음의 바다에 당도하였다.

우르샤나비가 길가메시에게 지시했다.

"기둥을 잡고 그것을 안으로 밀어 넣으시오. 그러나 물이 손에 튀지 않도록 하시오. 길가메시! 두 번째 기둥을 잡으시오. 세 번째 것도, 네 번째 기둥도 잡으시오. 자, 길가메시, 다섯 번째 것을, 여섯 번째, 일곱 번째 기둥을 잡으시오. 길가메시, 여덟 번째 것을, 아홉 번째, 열 번째 기둥을 잡으시오. 길가메시, 열한 번째 것을, 그리고 열두 번째 기둥을 잡으시오."

1백 20번이나 밀어 넣은 다음에야 그는 최후의 기둥을 잡고 있었다. 그의 무기는 돛대 대신이 되었고 그의 옷은 돛이 되었으므로 그는 벌거숭이가 되었다. 그런 후에야 우르샤나비는 길가메시를 우투나피시팀에게 데려다 주었다. 사람들은 우투나피시팀을 '머나먼 곳'이라 불렀는데, 그는 산 동쪽 태양이 지나가는 곳인 딜문에 살고 있었다. 신들은 인간들 중 그에게만 영원한 생명을 주었던 것이다.

쉬고 있던 우트나피시팀이 멀리에서 오는 그들을 보고 혼자 속으로 생각했다. '어떻게 저 배는 고패 장치도 돛대도 없이 여기에 왔을까? 성스런 돌들은 부서져버렸고 주인이 배를 몰고 있지도 않으니 웬일일까? 저기 오고 있는 자는 내 사람이 아닌데, 분명 짐승의 가죽을 입은 남자가 오고 있다. 우르샤나비 뒤에 걸어오는 저 자는 누구인가? 그는 분명 내 사람이 아닌데?'
 우투나피시팀은 그를 보고 물었다.
 "그대는 누군가? 짐승 가죽을 입고 야윈 뺨과 어두운 얼굴로 여기에 온 그대는 누군가? 어디로 이다지 급히 가는 건가? 무슨 연고로 죽음의 바다를 건너 위험한 여행을 하였는가? 여기 온 이유를 말해 보라."
 그는,
 "나는 길가메시인데, 아누의 나라 우룩에서 왔습니다."
하고 대답하였다.
 그러자 우투나피시팀은,
 "그대가 길가메시라면 어찌 그렇게 뺨이 야위었고 얼굴이 어두운가? 어찌 그대 가슴속에는 절망이 있고 긴 여행을 마친 사람 같은 얼굴을 하고 있는가? 추위와 열에 그을린 얼굴로 바람을 찾아 광야를 헤매며 여기까지 온 이유는 무엇인가?"
라고 물었다.
 길가메시가 대답하였다.
 "어찌 내 뺨이 야위고 얼굴이 어둡지 않을 수 있겠습니까? 내 가슴속에는 절망이 있고 내 얼굴은 긴 여행을 마친 사람의 얼굴과 같으며 열과 추위에 시달렸습니다. 나는 광야를 방황하지 않을 수 없었습니다. 하늘 황소를 죽이고 향나무숲에서 훔바바를 내던졌던 내 동생, 나를 징싱껏 보살펴 주며 내 곁에서 위험을 막아 주었던 내 친구 엔키두를, 내가 그렇게도 사랑했던 엔키두를 죽음이 데리고 갔습니다. 그를 위해 벌레가 그의 몸을 파먹기까지 이레 낮과 밤을 나는 울었습니다. 나의 동생 때문에 나는 죽음이 무서워졌으며 광야를 헤매게 되었습니다. 그의 운명이 내게도 무겁게 씌워져 있습니다. 어찌 조용히 있을 수 있겠습니까? 편히 쉴 수 있겠습니까? 그는 먼지가 되었고, 나 또한 죽어 땅 속에 영원히 묻힐 텐데."

길가메시는 계속해서 말했다.

"내가 이 먼 여행을 한 것은 '머나먼 곳'이라 불리는 당신을 만나기 위해서입니다. 당신을 만나려고 세상을 헤매었고 여러 번 위험한 고비를 넘겼으며, 바다를 건넜고 마침내 여행에 지쳐 버렸습니다. 뼈마디는 쑤시고 단잠을 잘 수도 없게 되었습니다. 시두리의 집에 닿기도 전에 내 옷은 이미 낡아버렸습니다. 곰과 하이에나, 사자와 반달곰, 호랑이, 수사슴과 야생 염소 등, 온갖 야생 동물들과 초원의 작은 동물들까지도 닥치는 대로 잡아 죽였습니다. 그 고기는 먹고 가죽으로 옷을 해 입었습니다. 그런 꼴로 술 만드는 여인의 집에 당도했지요. 그녀는 내가 못 들어가도록 송진과 역청을 바른 대문을 잠갔습니다. 그러나 그녀는 내게 여행에 대한 실마리를 이야기해 주었지요. 그래서 우르샤나비에게 갔습니다. 그리고 그와 함께 죽음의 파도를 건너왔습니다. 오! 아버지, 우트나피시팀이여, 당신은 신들의 모임에 참석했었지요? 당신께 삶과 죽음에 관해 묻고 싶습니다. 어떻게 하면 내가 영원한 생명을 찾을 수 있겠습니까?"

우투나피시팀이 대답했다.

"영구 불변하는 것은 없다. 영원히 남아 있을 집을 지을 수 있을까? 약속을 언제까지고 영원히 지킬 수 있을까? 형제들이 유산을 나누어 가진 후 영원히 자기 것에 만족할 수 있겠는가? 강이 홍수를 견뎌낼 수 있겠는가? 껍질을 벗고 눈부신 태양을 볼 수 있는 것은 잠자리(蜻)의 요정(妖精)뿐이다. 먼 옛날부터 영구 불변하는 것은 아무것도 없었다. 잠든 자와 죽은 자, 그것은 얼마나 비슷한가! 그것들은 색칠한 죽음과 같다. 주인과 종이 운명을 다했을 때 둘 사이의 차이가 무엇인가? 재판관 아눈나키가 와서 운명의 어머니 맘메튠(Mammetun)과 함께 인간의 운명을 결정하였다. 그들은 인간에게 삶과 죽음을 주었으나 죽음의 날짜는 밝히지 않았다."

그러자 길가메시가 우투나피시팀에게 말하였다.

"지금 당신 모습을 보니 저와 다를 게 없습니다. 색다른 것이라곤 없군요. 저는 당신이 마치 전투를 준비하는 영웅 같으리라고 생각했었습니다. 그런데 당신은 편안하게 누워 있군요. 제게 솔직히 말씀해 주십시오. 어떻게 해서 당신은 신들의 모임에 참석하게 되었으며, 영원한 생명을 얻게 되었습니까?"

우투나피시팀이 대답하였다.

"그대에게 한 신비를, 신들의 비밀을 밝혀 주리라."

---

8) 운명을 관할하는 조상신.

5. 홍수 이야기

길가메시 서사시 열한 번째 판인 '대홍수판'

5. 홍수 이야기

"그대는 유프라테스 강변에 위치한 슈르루팍(Shurrupak)[1]이란 도시를 알고 있는가? 그 도시는 점점 폐허가 되어 갔고, 그 도시에 있던 신들도 노쇠해 버렸지. 거기엔 신들의 아버지인 대지(大地)의 주인 아누와 참모 겸 투사(鬪士)인 엔릴, 이들을 돕고 있던 니누르타, 그리고 운하(運河)의 물결을 다스리던 엔누기(Ennugi)[2]와 에아 또한 함께 살고 있었다. 그 당시에는 세상이 사람들로 꽉 차 마치 거대한 들소처럼 소란했고 그로 인해 거룩하신 신들은 편히 쉬지 못하고 있었다. 엔릴이 참다못해 신들에게 말했다. '인간들의 반란을 더 이상 보고 있을 수 없구나. 소란스러워 도저히 잠을 잘 수 없으니.' 그러자 신들은 인류를 심판하기로 결정하였다. 엔릴이 이 일을 맡았지. 그런데 에아가 꿈에 나타나 이 사실을 내게 신탁(神託)을 통해 알려주었던 것

---

1) 현재의 화라(Fara)이다. 우룩에서 18마일 떨어져 있으며 메소포타미아 고도(古都) 중의 하나. 홍수 전에 존재했던 도시라고 여겨지던 다섯 도시 중의 하나이며 홍수 설화의 주인공(우투나피시팀)의 고향이다.

2)관개(灌漑)의 신. 운하를 돌보는 역할을 담당한다.

이다. 그는 신들이 이야기한 내용을 나의 갈대집에 대고 속삭였다. '갈대집아, 갈대집아! 담아, 오 담아! 귀를 기울여라, 담아, 대답하여라. 오, 갈대집아, 우바라투투의 아들, 슈르루팍의 사람아, 네 집을 부수고 배를 만들어라. 모든 소유물을 포기하고 살길을 찾아라. 세상의 재물을 버리고 네 영혼을 구해라. 거듭 이른다. 네 집을 부수고 배를 만들어라. 다음과 같이 지시하는 대로 만들어라. 폭(幅)과 길이를 같게 만들고, 갑판은 깊은 구덩이를 덮는 둥근 천장처럼 만들어 덮고, 그런 후에 배에다 모든 생물의 종자들을 실어라.'

나는 무슨 말인지 알아차리고 내 쥐(主)에게 '들으소서, 당신께서 명하신 바를 내 기꺼이 지키리이다. 그러나 백성들과 나라 관리들에겐 무어라고 답해야 하리까?' 라고 물었다. 그러자 에아는 입을 열어 당신의 종인 내게 이르셨다. '이렇게 말하여라. 엔릴이 내게 진노하심을 나는 알았다. 나는 두 번 다시 그의 땅을 밟기가 두렵다. 그의 나라에 사는 것도 두렵다. 나는 나의 주 에아와 함께 심연(深淵)에 살기를 원한다. 그러나 그가 당신들에게는 풍족한 비와 진기한 고기와 들새들을 내리시고 풍성한 추수를 주실 것이다. 저녁에는 폭풍우를 탄 자가 당신들에게 풍성한 밀을 내려 주시리라고.'

새벽 동틀 무렵, 모든 가족이 내게 모여들었다. 아이들이 역청을 가져왔고 어른들은 그외에 필요한 모든 것을 준비해 왔다. 닷새에 걸쳐 용골(龍骨)과 들보를 만들고 선체를 단단하게 만들었다. 마룻바닥 넓이는 1 에이커였고, 갑판의 사방 길이는 1백 20 큐빗으로 네모지게 만들었다. 그 밑에 갑판 여섯 개를 더 만

들어 모두 일곱 개의 갑판이 되었다. 그것들을 9등분하여 사이
사이에 칸막이를 만들어 세웠다. 필요한 곳마다 쐐기를 박고 삿
대를 넉넉하게 준비하였다. 일꾼들이 통에 기름을 담아 날랐고
역청을 아스팔트, 기름과 함께 화덕 속에 부었다. 선장은 만약을
위해 창고에 기름을 더 쌓아 두었다. 나는 일꾼들을 위하여 매
일 소를 잡고 양을 잡았다. 목수들에게는 실컷 마실 수 있도록
독주(毒酒), 붉은 술과 기름, 흰 술(白酒)을 내주었다. 신년 축제
나 되는 것처럼 잔치가 벌어졌다. 나도 머리에 기름을 발랐다. 7
일만에 배가 완성되었다.

  가까스로 배를 띄웠다. 위아래 짐을 가득 실으니 거의 3분의
2가 가라앉게 되었다. 나는 내가 가지고 있던 모든 소유물, 금과
짐승들, 가족과 친척의 짐승들 —— 길든 것이나 길들지 않은 것
이나 가리지 않고 —— 과 일꾼들을 태웠다. 샤마시가 예정한 날
이 다가오자 난 이 모든 것을 싣고 배를 띄웠다. 그는 내게 '저
녁이 되어 폭풍우를 탄 자가 와서 만물을 부숴버릴 비를 내리
거든 너는 배를 타고 누름대로 막도록 하라'고 일러주었다. 드
디어 때가 되었다. 저녁이 되자 폭풍우를 탄 자가 나타나 비를
퍼붓기 시작하였다. 바깥을 보니 온통 공포에 싸여 있었다. 나는
배를 띄우고 누름대로 막았다. 누름대로 막고 뱃밥으로 틀어막
으니 모든 것이 완료되었다. 그리고 키를 키잡이 푸주르아무리
(Puzur-Amurri)[3]에게 건네주었다. 그가 배의 안전을 책임지고 운
행하게 되었다.

---

  3) 홍수 기간에 우투나피시팀의 배를 운행한 키잡이.

새벽 동틀 무렵 검은 구름이 수평선 위에 나타났다. 그것이 폭풍의 주 아닷이 일하는 곳에 들어오자 천둥이 쳤다. 언덕과 들판 위에는 폭풍의 사자(使者) 슐랏(Shullat)과 하니시(Hanish) 가 나타났다. 그러자 심연에 있던 신들이 일어났다. 네르갈 (Nergal)이 지하수의 둑을 터놓고, 전쟁의 주 니누르타가 둑을 부숴버리자 일곱 명의 지옥의 재판관 아눈나키가 그들의 햇불을 높이 들어 그 불꽃으로 땅을 비추었다. 절망의 공포가 하늘에까지 달했을 때 폭풍의 신 아닷은 빛을 어둠으로 바꾸고 땅을 마치 술잔처럼 내동댕이쳤다. 만 하루 동안 태풍은 점점 사나와지고 갈수록 맹렬해졌으며 마치 전투부대처럼 인간들을 덮쳤다. 사람들은 자기 형제의 얼굴도 볼 수 없었고, 하늘에서도 아무것도 보이지 않았다. 신들도 홍수에 질려 가장 높은 곳 아누의 자리에까지 올라갔다. 그들은 담에 바짝 붙어서서 똥개들처럼 잔뜩 움츠리고 있었다. 그러자 아름다운 음성을 가진 하늘의 여왕 이시타르가 해산하는 여인처럼 울부짖었다. '아! 지나간 날들은 먼지로 변했구나! 내가 심판을 고집한 탓이다. 어찌하여 신들의 모임에서 심판을 고집했던가! 백성들을 멸망시키려고 전쟁을 주장하다니! 그러나 이들은 내 백성이 아닌가! 내가 그들을 기르지 않았던가! 이제는 물고기 알처럼 물 위에 떠 있네.' 하늘과 지옥의 신들도 울었다. 입을 가리고 울었다.

---

4) 폭풍우와 궂은 날씨의 전령자.
5) 폭풍과 궂은 날씨의 전령자.
6) 지하 세계의 신. 때로는 에레시키갈의 남편으로 소개된다.

네르갈 신을 나타내는 그에게 바쳐진 흑석 원통형 인장의 날인. 네르갈 신이 자신 특유의 사자 머리를 한 갈고리 달린 양날 철퇴를 휘두르고 있다.

 엿새 낮과 엿새 밤이 지나는 동안 바람이 불어닥치고 폭풍, 태풍과 홍수가 세상을 휩쓸었다. 태풍과 홍수는 마치 싸우는 투사처럼 서로 기승을 부렸다. 이레째 되는 날, 동이 트자 남쪽에서 올라오던 폭풍이 잠잠해지고 바다도 고요해지고 호수도 잔잔해졌다. 나는 땅거죽을 보았다. 거기엔 침묵만이 있었다. 모든 인류는 진흙으로 변해버렸다. 바다의 수면은 지붕 꼭대기처럼 평평하게 펼쳐져 있었다. 배의 지붕 뚜껑을 열자 햇빛이 내 얼굴에 와 닿았다. 그때 나는 무릎을 꿇고 앉아서 울었다. 눈물이 얼굴을 타고 흘러내렸다. 주위에는 온통 홍수가 할퀸 자국만이 남아 있었다. 배를 댈 만한 곳을 찾아보았으나 허사였다. 그러나 14리그 떨어진 곳에 산이 나타났다. 나는 거기에 배를 세웠다. 니시르(Nisir)⁷⁾ 산에 배는 단단히 정박되어 조금도 움직이지 않

---

 7) '구원의 산'이란 뜻. 때로는 성경에 나오는 반(Van) 호수 북쪽의 아라랏 산과 동일시된다.

앗다. 그러고 나서 이틀이 지났다. 사흘째 되는 날에도 배는 그대로 서 있었다. 닷새째, 엿새째 되는 날에도 배는 그대로 서 있었다. 이레째 되는 날, 날이 새자 비둘기 한 마리를 날려 보냈다. 비둘기는 멀리 날아갔으나 앉을 곳을 찾지 못한 채 돌아왔다. 나는 제비 한 마리를 다시 날려 보냈다. 제비도 앉을 곳을 찾지 못하고 돌아왔다. 이번에는 까마귀를 날려 보냈다. 그러자 까마귀는 물이 빠진 것을 알고 먹이를 쪼아 먹으며 까악까악 울면서 날아가곤 다시 돌아오지 않았다. 그때야 비로소 나는 모든 것을 사방에 풀어 놓았다. 그러고 나서 나는 제사를 지내고 신주(神酒)를 땅 위에 뿌렸다. 열네 개의 제단 솥을 걸고 그 위에 수수, 향나무, 도금양(桃金孃)을 쌓았다. 신들은 향기로운 냄새를 맡고 젯상에 꼬여드는 파리들처럼 몰려들었다. 한참 후에 이시타르도 왔다. 그녀는 전에 아무가 그녀의 환심을 사려고 만들어 준 하늘 보석이 달린 목걸이를 잡아 머리 위로 올렸다. '여기에 모이신 신들이여, 내 목에 걸린 유리 보석에 대고 맹세합니다. 나는 내 목의 보석을 생각하듯 이 마지막 날들을 기억하리라. 나는 이날을 결코 잊지 않으리라. 엔릴을 제외한 우리 모두는 제사를 받아들입시다. 그는 이 제사를 받을 자격이 없으니. 그것은 그가 생각해 보지도 않고 홍수를 일으켰기 때문입니다. 그가 내 백성들을 다 죽게 버려 두었습니다.'

엔릴이 와서 배를 보더니 모여 있던 신들에게 심통을 부렸다. '아직도 살아 남은 자가 있구나. 누구도 내 심판을 피할 수 없었을 텐데!'

그러자 우물과 운하의 신 니누르타가 입을 열어 투사 엔릴에게 말하였다. '우리들 중 에아 말고 그런 꾀를 생각할 자가 또 있겠소? 에아만이 모든 내용을 잘 알고 있을 거요.'
 그러자 에아가 입을 열어 투사 엔릴에게 말하였다. '우리들 중 가장 뛰어난 영웅인 엔릴이여, 어쩌면 이다지도 무자비한 홍수를 퍼부을 수 있었소?

    죄인에겐 그 죄를 벌하고
    범법자에겐 그 범법을 벌할지나
    관대하게 벌할 것이니, 그가 부러지지 않도록
    너무 심하게 다루지 말지니, 그가 파멸되지 않도록
    홍수보다는
    사자를 시켜 인간을 벌하고
    홍수보다는
    늑대를 시켜 인간을 벌하고
    홍수보다는
    가뭄으로 세상을 쓸어버리고
    홍수보다는
    악역(惡疫)으로 인간을 쓸어버릴지라.

 신들의 비밀을 누설한 자는 내가 아니오. 다만 슬기로운 자가 꿈에 그 비밀을 알았을 뿐입니다. 자! 우리 함께 (살아남은) 그에게 어떤 조치를 취할지 상의하도록 합시다.'
 그러자 엔릴이 우리에게 다가오더니 나와 나의 아내를 데리고 배 안으로 들어가 우리를 양편으로 갈라 앉게 한 후 자기는 가운데에 섰다. 그러고는 우리 이마에 손을 얹고 축복하였다. '예전의 우투나피시팀은 죽을 수밖에 없었던 인간이었다. 이제부터 그와 그의 아내는 강들의 입구에서 영원히 살리라.'

이렇게 해서 신들은 내가 여기 강들의 입구에서 영원히 살도록 마련해 주었다."

6. 귀향

6. 귀 향

　우투나피시팀은 말했다.
　"그러니 길가메시여, 그대가 찾는 영원한 생명을 얻을 수 있도록 누가 신들을 모이게 할 수 있겠는가? 그러나 꼭 원한다면 한번 해보라. 다만 여섯 날과 일곱 밤을 잠자지 않고 견뎌내야 한다."
　그러나 길가메시가 허리를 기대고 쉬는 동안 잠의 안개가 실뭉치에서 풀리는 보드라운 실처럼 그를 덮쳤다. 우투나피시팀이 그의 아내에게 말했다.
　"자, 이 자를 보시오. 영원한 생명을 얻겠다던 강자(強者)도 잠의 안개에 덮여버리고 말았소."
　그의 아내가 대답하였다.
　"그를 흔들어 깨우세요. 그가 온 데로 다시 돌아가 무사히 고향까지 도착하도록 해줍시다."
　그러나 우투나피시팀은,
　"인간들은 모두 거짓말쟁이요. 그는 당신까지도 속이려 했소. 빵조각을 떼어 매일 그의 머리맡에 놓아 둡시다. 그리고 그가 잔 날의 수를 벽에 적어 둡시다."

하고 자기 아내에게 말했다.

그리하여 그녀는 매일 빵조각을 떼어 길가메시의 머리맡에 놓고 벽에는 그가 잠잔 날의 수를 적어 두었다.(이레가 지나니) 첫번째 조각은 딱딱하게 굳었고, 두 번째 것은 가죽같이 되었고, 세 번째 것은 습기 때문에 흐물흐물하게 되었고, 네 번째 빵조각은 거죽이 썩었고, 다섯 번째 것은 곰팡이가 피었고, 여섯 번째 것은 상하지는 않았고, 일곱 번째 빵은 익히는 중이었다. 그러자 우투나피시팀이 그를 흔들어 깨웠다.

길가메시는 '머나먼 곳' 우투나피시팀에게

"이제 겨우 잠들었는데 당신이 흔들어 깨웠습니다."

하고 말했다.

그러자 우투나피시팀은,

"이 빵조각들을 세어 보라. 그대가 며칠이나 잤는지 알 수 있을 것이다. 첫째 것은 딱딱하고, 둘째 것은 가죽같이 되었고, 셋째 것은 눅눅하고, 넷째 것은 거죽이 썩기 시작했고, 다섯째 것은 곰팡이가 피었고, 여섯째 것은 상하지 않은 채 있고, 일곱째 빵은 굽고 있는 중에 내가 그대를 깨운 것이다."

라고 대답했다.

그러자 길가메시는,

"오, 우투나피시팀이여, 나는 어찌해야 좋습니까? 나는 어디로 가야 합니까? 이미 내 사지(四肢)는 밤의 도둑들에게 꽉 잡혀 있고 죽음이 내 방안에 들어와 있습니다. 내 발이 어디를 디디든 거기에는 죽음이 있을 뿐입니다."

라고 말했다.

그러자 우투나피시팀은 사공 우르샤나비를 불러 말했다.
"우르샤나비, 네게 화가 있으리라. 지금으로부터 영원히 너는 이 은신처에서 환영받지 못하리라. 이곳은 너를 위한 곳이 아니다. 너는 다시는 바다를 건너지 못하리라. 자, 돌아가거라. 바닷가에서 사라져라. 그러나 네가 안내하여 이리로 데리고 온 사람, 몸은 더러워졌고 육체의 광채는 들짐승 가죽으로 가리워진 이 사람을 씻는 곳으로 인도하라. 거기서 그의 긴 머리를 물속의 눈〔雪〕처럼 깨끗이 감겨 주고, 가죽옷을 벗어 던져 바다가 그것을 멀리 떠내려보내게 하여 그의 몸의 아름다움이 다시 나타나게 하고, 새 띠를 이마에 두르고 새 옷으로 벌거벗은 몸을 가리게 해주어라. 그가 여행이 끝나 고향으로 무사히 돌아갈 때까지 이 옷은 낡지 않을 것이며 언제나 새것처럼 빛날 것이다."
우르샤나비는 길가메시를 씻는 곳으로 데리고 갔다. 거기서 길가메시는 물속의 눈처럼 깨끗이 머리를 감고 가죽옷을 벗어 바다 위에 던졌다. 그러자 그의 몸의 아름다움이 다시 나타났다. 이마의 띠도 새것으로 바꾸었고 여행이 끝나 고향에 무사히 돌아갈 때까지 낡지 않고 항상 새 옷처럼 빛날 옷으로 몸을 가렸다.
그러고 나서 길가메시와 우르샤나비는 배를 띄우고 출범했다. 그들이 배를 저어 가려 할 때 우투나피시팀의 아내가 남편에게 말했다.
"길가메시는 여기까지 오느라고 지쳐버렸어요. 아주 녹초가 되고 말았습니다. 그에게 고향에 가지고 갈 선물을 주어야 하지 않겠어요?"

그러자 우투나피시팀이 길가메시를 불렀다. 길가메시는 배를 둑에 댔다.
"길가메시여, 그대는 여기까지 오느라 지칠 대로 지쳤다. 그대의 고향에 가져갈 선물로 무엇을 주랴? 길가메시여, 내가 한 가지 비밀을 알려주리라. 그것은 신들의 비밀이다. 바다 밑에 어떤 식물이 살고 있는데 장미처럼 가시가 있다. 그 가시가 그대의 손을 찌를 것이다. 그러나 만일 그대가 그것을 얻는 데 성공한다면 그대는 그 식물로 젊음을 잃은 사람에게 다시 젊음을 회복시켜 줄 수 있을 것이다."

길가메시는 이 말을 듣자 수문(水門)을 열고는 그 흐르는 물을 따라 가장 깊은 해협으로 들어갔다. 그리고 자기 발에 무거운 바위를 매달아 물속 깊숙이 들어갔다. 그는 거기 해저에서 자라고 있는 식물을 보았다. 가시가 그의 손을 찔렀으나 그는 그것을 꺾었다. 그리고 무거운 바위를 풀어버리자 그는 다시 바다 위로 나올 수 있었다. 그는 사공 우르샤나비에게 말했다.

"이리 와서 이것을 좀 보라. 진기한 식물이다. 이 식물은 사람들에게 지난날의 젊음을 되찾아 줄 것이다. 나는 이것을 강한 성 우룩에 가져갈 테다. 거기서 이것을 늙은 사람에게 먹이겠다. 이 식물의 이름은 '늙은이가 다시 젊어진다'로 불릴 것이다. 그리고 나도 이것을 먹고 잃었던 젊음을 다시 찾을 것이다."

그리고 길가메시는 들어갔던 문을 통해 다시 나왔다. 길가메시와 우르샤나비는 계속 걸었다. 20리그를 가서 그들은 식사를 하였다. 30리그를 간 다음에는 멈추고 밤을 지샜다.

길가메시는 찬물이 솟아오르는 샘을 보고 내려가 목욕을 했다. 그러나 그 웅덩이 깊은 곳에 뱀 한 마리가 살고 있었는데, 뱀은 꽃의 향기를 맡고 웅덩이 위로 올라와 그 꽃을 빼앗아 도망쳤다. 눈깜짝할 사이에 뱀은 껍질을 벗고 웅덩이 속으로 사라졌다. 길가메시는 주저앉아 울었다. 눈물이 그의 볼을 타고 흘러내렸다. 그는 우르샤나비의 손을 잡고 푸념했다. "오! 우르샤나비, 내 손으로 애써 얻은 게 결국 이것이란 말인가? 내 심장의 피를 다 쏟은 결과가 이것이란 말인가? 나는 아무것도 얻은 것이 없다. 땅 위 짐승이 나 대신(식물의) 즐거움을 누리고 있구나. 전에 파도에 실려 그것이 20 리그나 떠내려갔을 때에도 나는 쫓아가 되찾았었다. 나는 기적을 발견했었다. 그런데 이제 잃고 말았다. 배는 둑에 매어 두고 가자."

그들은 20 리그를 가서 식사를 한 뒤 다시 30 리그를 가서 밤을 지샜다. 한 달 보름이 걸리는 거리를 그들은 3 일에 걸었다. 그들의 여행은 강한 성 우룩에 도달해서야 끝이 났다. 길가메시는 사공 우르샤나비에게 말했다.

"우르샤나비, 우룩의 성벽 위에 올라가 그 기초를 살펴보라. 벽돌을 쌓은 솜씨를 살펴보라. 구운 벽돌이다. 일곱 명의 슬기로운 자들이 그 기초를 놓았다. 전체의 3분의 1은 도시이고, 3분의 1은 정원이며, 나머지 3분의 1은 들판이다. 거기에는 이시타르 여신의 신전이 있다. 그것이 우룩의 전부이다."

이것 또한 왕이며, 세상의 여러 곳을 두루 알고 있던 길가메시의 업적이라. 그는 슬기로왔고 신비로움과 비밀을 알고 있었으며, 우리에게 홍수 이전의 세계에 대해 이야기해 주었도다. 그는 긴 여행을 마치고 지친 몸으로 돌아와 돌 위에 이 모든 이야기를 새겼도다.

7. 길가메시의 죽음

7. 길가메시의 죽음

  신들의 아버지, 산의 엔릴이 길가메시에게 정해 준 운명이 다가왔다.
  "땅 아래 있던 어둠이 그에게 빛을 비추어 주리라. 알려진 모든 인간들 중에 그와 견줄 만한 이름을 대대로 남길 자는 없으리라. 많은 영웅들과 현자(賢者)들이 달처럼 나왔다가 사라져 갔다. 사람들은 말하리라. '그와 같은 힘과 능력으로 다스릴 자는 없다'고. 그가 없다면 그믐밤처럼, 그림자들의 달처럼 캄캄하리라. 오, 길가메시여, 이것이 네 꿈의 의미였다. 비록 왕이었으나 영원한 생명은 얻을 수 없었으니 이것이 너의 운명이었다. 그렇다고 마음 아파하거나 슬퍼하거나 위축되지는 말지니, 네 운명으로 인하여 너는 사람들을 모이게도 하고 흩어지게도 하며, 빛이 될 수도 있고 어둠이 될 수도 있게 하였다. 운명은 네게 어떤 자도 당해낼 수 없는 능력을 주었으며, 싸움터에선 어느 누구도 도망치지 못하는 완전한 승리를, 살육과 약탈에선 아무도 살아남지 못하는 완전한 성공을 네게 주었다. 그러나 이 힘을 악용하지는 말지니 궁전에 있는 네 종들을 관대하게 대해 주고 태양 앞에서 떳떳하게 행동할지라."

왕은 스스로 누웠다. 다시는 일어나지 않으리.
쿨랍의 주는 다시는 일어나지 않으리.
그는 악을 정복하였으나 다시는 오지 않으리.
당할 자 없이 강하였으나 다시는 일어나지 않으리.

그는 슬기로왔고 온화한 얼굴을 가졌었으나 다시는 오지 않으리.
그는 산속으로 들어가 다시는 나오지 않으리.

운명의 침대 위에 그는 누워 있으니 다시는 일어나지 않으리.
오색(五色)의 그 침상으로부터 다시는 일어나 나오지 않으리.

 백성들은 남녀 노소 가리지 않고 소리내어 울었다. 그들은 애가(哀歌)를 불렀다. 피와 살을 가진 모든 사람들이 슬픈 노래를 불렀다. 그의 명(命)이 다 되었다. 그는 낚시에 걸린 고기처럼, 덫에 걸린 양처럼 침대에 그대로 누워 있었다. 손도 발도 움직일 수 없어 고기도 먹지 못하고 물도 마시지 못하는 그에게 몰인정한 운명의 신 남타르가 무겁게 내리덮쳤다.
 그들은 닌순의 아들 길가메시를 위해 제사를 드렸다. 그가 사랑하던 아내, 아들과 후궁들, 악사(樂士)들, 어릿광대, 그리고 그의 가족과 종들, 시녀들을 비롯한 궁전에 살고 있던 모든 사람들이 닌순의 아들, 우룩의 보배 길가메시를 위해 제사를 드렸다. 그들은 죽음의 여왕 에레시키갈을 비롯한 죽은 자의 신들에게 제사를 드렸다. 문지기 네티(Neti)에게는 빵을 비췄고, 생명의 나무를 지키는 뱀의 신 닌기찌다(Ningizzida)에게도 빵

여러 신들의 상징 앞에 서 있는 까까머리의 성직자를 나타내는 청색 옥수인장(玉髓印章)의 날인.

을 바쳤다. 엔릴의 선조이며 조상신인 목자(牧者) 두무지(Dumu-zi)[1], 엔키(Enki)와 닌키(Ninki), 엔두쿠가(Endu-kugga)와 닌두쿠가(Nindukugga), 엔물(Enmul)과 닌물(Ninmul)에게도 제사를 지냈다. 축제의 신 슐파에(Shulpae)를 위하여 축제를 베풀었다. 양떼의 신 사무칸에게, 어머니 닌후르삭(Ninhursag)과 창조 작업에 참여했던 창조의 신들에게, 그리고 하늘의 주인들에게 남녀

---

1) 네두의 수메르 이름. 지하 세계의 수문장.
2) 기찌다(Gizzida)로도 불린다. 수확의 신. '생명 나무의 주인'이란 이름을 가지고 있다. 때로는 사람 머리를 가진 뱀이기도 하지만 후에는 마술과 치료의 신이 되었다. 탐무즈와 함께 하늘 문에 서 있다.

제사장들은 죽은 자의 제사를 드렸다.

닌순의 아들 길가메시는 무덤 속에 누워 있도다. 제물을 바치는 곳에서 그는 빵을 바쳤고, 헌주(獻酒)를 바치는 곳에서 그는 술을 따랐도다. 먼 옛날 길가메시는 운명했도다. 왕이며 닌순의 아들이며 인간 중엔 당할 자가 없을 만큼 뛰어났던 그는 그의 주인 엔릴을 잊은 적이 없었노라. 오, 길가메시여, 쿨랍의 주여, 당신의 이름이 영원할지어다. *

---

3) 수메르에서는 탐무즈라고 불린다. 식물과 풍요의 신. 때로는 지하 세계의 신으로도 나타나며, '목자', '양떼의 주인'이라고도 불린다. 닝기찌다의 동료로 하늘 문을 지키기도 한다. 수메르의 〈이난나의 후예〉라는 기록에는 사랑의 여신 이난나의 남편으로 되어 있다. 수메르 열왕기에 따르면 길가메시는 '목자 두무지'의 자손이다.

4) 엔릴의 어머니. 닌후르삭을 의미하는지도 모른다.

5) 닌두쿠가와 함께 지하에 살고 있는 수메르의 신. 엔릴의 부모가 된다.

6) 엔두쿠가와 함께 지하 세계에 살고 있는 조상신.

7) 쥐(註) 5) 참조.

8) 수메르의 모신(母神). 안(An), 엔릴, 엔키와 더불어 수메르 3대 신 중의 하나. 때로는 엔키의 아내가 되어 모든 식물을 자라게 한다. 닌후르삭은 '어머니'를 의미한다. 그녀는 또한 탄생의 여신 '닌투'나 대지(Ki)로도 불린다.

해설

길가메시 서사시의 영웅 서사적 가치

□ 해 설

《길가메시 서사시》의 영웅 서사시적 가치

1. 서사시의 역사

 메소포타미아의 우룩을 재건한 왕 길가메시의 서사시는 19세기에 와서 고고학자들이 중동 지방에 묻혀진 도시들을 발굴하면서 알려지기 시작한 작품이다. 이때까지는 노아로부터 아브라함에 이르는 긴 역사가 〈창세기〉의 짧은 족보(〈창세기〉 제 10~11장)에 압축되어 있을 뿐이었다. 이 기록 중에 나오는 사냥꾼 니므롯(Nimrud)과 바벨탑이란 이름만이 보편적으로 알려져 있다. 그러나 길가메시를 중심으로 꾸며진 이 서사시를 통해 우리는 그 시대의 한가운데로 들어갈 수 있게 되었다.
 이 서사시는 세계적인 문학 작품으로서도 충분한 가치를 지니고 있다. 호메로스의 서사시보다 적어도 1천 5백 년이나 앞선 것이라는 사실은 차치하더라도 시 자체가 지닌 내용과 그 특성만으로도 충분한 가치가 있다. 그것은 모험과 도덕, 비극을 형상화한 종합 작품이기 때문이다. 이 서사시를 통해 우리는 도덕을 추구하고 지식을 탐구하며 또한 일반적인 운명에서 탈피해 보려는 인간의 모습을 발견한다. 죽지 않는 신에게는 비극이 있을 수 없다. 길가메시가 최초의 인간 영웅은 아니더라도, 그가 모든 것을 안 최초의 비극적 영웅임은 사실이다. 그는 우리와 가장 친근했던 자였다. 그는 삶과 지식을 추구하는 한 인간의 모습을 보여주고 있으며 이러한 추구는 언젠가는 비극이란 결론에 이른다는 사실도 보여주고 있다. 기원전 3천년경의 오래 된 이야기가 기원후 20세기의 독자들을 움직이고 매혹시킨다는 것은 놀랍지만 사실이다. 설화 자체는 불완전한 채로 남아 있으나 그럼에도 불구하고 이것이 호메로스의 《일리아스》 이전에 나타난 가장 아름다운 서사시가 되고 있다. 《일리아스》보다 얼마나 더 오래 된 것인지 측정하기는 힘들다.

《길가메시 서사시》는 대부분 기원전 2천년대의 초반에 이미 씌어졌으며, 수세기 전에도 거의 같은 형식으로 존재해 있다가 앗시리아 왕국의 마지막 왕이었던 골동품 수집가 앗수르바니팔(Assurbanipal)의 도서관에서 7세기경에 마지막으로 교성을 거쳐서 완전한 형태로 편집되었다는 충분한 근거가 있다. 앗수르바니팔은 불굴의 장군으로서 이집트와 수사(Susa)를 침공하였었다. 또한 그는 오늘날 우리 손에 있는 역사적인 기록과 오래 된 찬송, 시와 과학적·종교적인 문서들을 수집하였다. 그는 신하들에게 바빌론, 우룩, 니푸르의 고대 학자들의 작품을 발굴해 복사시키고, 메소포타미아의 고대 수메르어(Sumerian language)로 씌어졌던 문서를 당시의 악카디아 셈(Akkadian Semitic)어로 번역시

켰다고 전해진다. 이 문서들 가운데에서 '원문을 기준으로 하여 앗시리아와 세계의 왕 앗수르바니팔의 궁전에 맞추어' 기록된 것이 소위 《길가메시 서사시》이다.

이 작업이 끝나고 얼마 지나지 않아서 서사시는 상실되었고 영웅의 이름은 잊혀지거나 기억에서 사라지게 되었다. 그러다가 지난 세기에야 재발굴된 것이다. 이 발견은 우선 호기심 많은 두 영국인의 공로이며, 또한 이 서사시가 기록된 토판(土版)들을 조립하고 복사하여 번역한 전세계 학자들의 공헌이기도 하다. 이 작업은 계속 진행되었고 해마다 부족하던 문서들이 보충되었다. 그러나 앗시리아 서사시의 골격은 1928년과 1930년에 캄펠 톰슨(Campbell Thompson)이 번역 출판한 것에서 별로 달라지지는 않았다. 더욱이 최근에 펜실베이니아의 사무엘 크래머(Samuel Kramer) 교수가 이룬 수메르의 문서 번역은 새로운 관심을 불러일으켰으며, 이 서사시의 역사를 기원전 3천년경 이전으로 소급시켰다. 이제는 전보다 더욱 완전한 형태의 문서 자체를 비교하고 연결시킬 수 있게 된 셈이다.

2. 토판의 발굴

토판의 발견은 위대한 발굴 작업이 시작되었던 19세기 중엽의 일이었다. 그 당시의 발굴 방법은 오늘날처럼 과학적이고 주도면밀하지는 못했으며 위험이 따르는 불완전한 것이긴 했으나 그 결과는 그 시대의 지적 관점을 바꾸어 놓을 만큼 굉장한 것이었다. 1839년 오스튼 헨리 레이야드(Austen Henry Layard)란 젊은 영국인이 친구와 함께 실론으로 여행을 떠났다. 그는 메소포타미아에서 앗시리아의 작은 구릉들을 정찰하며 잠시 머무르고 있었다. 수주일만 머물기로 한 것이 수년으로 늘어났고 그때 니느웨(Nineveh)와 니므룻이 발굴되었다. 이 발굴에서 레이야드는 수많은 아시아의 조각품들과 함께 니느웨 궁전에서 깨진 토판조각들을 파내어 영국 박물관으로 옮겼다. 레이야드가 니느웨를 발굴할 당시엔 단지 약간의 비명(碑銘)만을 얻을 욕심뿐이었다. 그러나 그는 기대했던 이상의 문서와 자료들을 얻게 되었던 것이다. 쐐기 모양의 글자들로 씌어진 토판이 해석되었을 때 이 발굴의 가치는 높이 인정받게 되었다. 파손된 약간의 것을 제외하곤 2만 5천이란 어마어마한 숫자의 토판 조각들이 영국 박물관으로 옮겨졌다. 해석 작업은 당시 바그다드에서 외교관으로 근무하던 헨리 롤린슨(Henry Rawlinson)에 의해 시작되었다. 바그다드로 가기 전 롤린슨은 동인도회사의 무관으로 있으면서 페르시아의 케르만샤(Kermanshah) 근처에 있는 베히스툰(Behistun) 바위에 새겨진 '다리우스의 입직'을 해석하는 등 이미 쐐기 모양의 글자를 해석하는 원리를 터득하고 있었다. 이런 쐐기 모양의 글자는 고대 페르시아, 엘람(Elam), 바빌론 민족들의 문자가 가졌던 특징을 지니고 있었다. 바그다드에서 시작된 롤린슨의 작업은 1855년 그가 런던으로 돌아와서도 계속되었다. 그는 런던으로 돌아온 직후《서아시아의 쐐기문자비명(*Cunei form Inscriptions of WestenAsia* 》을 출판하였다. 그리고 1866년 조지 스미드(George Smith)가 그의 작업을 돕게 되었다.

헨리 롤린슨

한편 니느웨에서 레이야드의 조수였다가 후계자가 된 라쌈(Rassam)은 1853년 《길가메시 서사시》를 정리한 토판들이 포함된 자료들을 발굴하였다. 이 발굴의 중요성은 20년이 지난 1872년 11월 새로 조직된 성서고고학협회 회의에서 조지 스미드가 "얼마 전 나는 영국 박물관에 있는 앗시리아의 토판들 중에서 홍수에 대한 언급을 발견했다"라고 보고하고 나서야 인정되었다. 그것은 《길가메시 서사시》의 열한 번째 토판에 기록되어 있었다. 그 후 스미드는 《칼디어의 홍수 설화(Chaldean Account of the Deluge)》와 함께 길가메시 설화의 줄거리를 출판하였다. 그것은 굉장한 흥미와 관심을 불러일으켰다. 그러나 홍수 설화의 토판은 완전한 것이 아니었다. 그래서 부족한 토판을 찾기 위한 작

조지 스미드

업이 시작되었다. 영국 박물관에 소속되어 니느웨에서 계속 발굴 작업을 하고 있던 스미드에게 《데일리 텔레그래프》지(紙)에서 천 기니를 제공하였다. 니느웨에 도착하자마자 스미드는 상실되었던 홍수 설화 부분을 발견하였다. 그리하여 마침내 당시뿐 아니라 오늘날까지도 가장 잘 보존되어 있는 설화를 건질 수 있게 되었다. 그 다음해에는 더 많은 토판들이 발굴되었고, 스미드는 1876년 병과 굶주림으로 36세의 젊은 나이에 알레포(Aleppo) 근처에서 죽기 전까지 앗시리아 산문시의 대략적인 줄거리를 구성할 수 있었다. 그는 비록 요절했으나 고대 역사와 성서 연구에 새로운 장을 열어 놓았다.

앗시리아의 '홍수' 설화를 발간하면서 스미드는 오늘날 와르카(Warka)라고 알려진 우룩(성서엔에렉)에서 만들어진 더 오래 된 산문시의 복사라고 그것을 주장하였다. 그보다 조금 전인 1849년과 1852년 사이에 W.K. 로프스는 와르카에 체류하면서 6개월간의 발굴 작업을 폈다. 그곳에서 그는 기원전 3천년경의 성벽과 토판들을 발굴하였다. 이것은 1920년에서 1930년대 독일 학자들에 의해 건축물의 구조를 밝혀 주는 다양한 자료들이 발굴되고서야 가치를 인정받게 되었다. 이 발굴로 인해 고맙게도 고대 우룩의 신전(神殿)이나 주민들의 생활상에 대한 상당한 정보를 얻게 되었다.

19세기말 니파르(Niffar), 니푸르, 남부 이라크(Iraq)의 구릉에서 존 퍼넷 피터즈(John Punnet Peters)의 인솔 아래 진행된 펜실베이니아 대학의 고고학 발굴로 인해 《길가메시 서사시》는 중요한 계기를 맞이하게 되었다. 그때는 이미 고대 도시를 발굴하는 기술에 괄목할 만한 진전을 보이고 있었으나, 어려운 사정은 여전히 있었다. 1888년에서 1889년 니푸르에 피터즈와 그 일행이 도착하면서 발굴은 시작되어 관목 숲을 거쳐 뒷언덕에 이르는 동안은 순조롭게 진행되었다. 그러나 발굴이 거의 끝날 무렵 적의에 찬 아랍인들이 캠프를 망가뜨리고 전쟁 춤을 추며 방해하였다. 그럼에도 불구하고 작업은 다음해에도 계속 진행되었다. 3만 내지 4만에 이르는 토판들이 발굴되어 필라델피아와 이스탄불(Istanbul) 박물관으로 옮겨졌다. 그 중에서 수메르어로 씌어진 것 중 가장 오래 된 형태의 《길가메시 서사시》의 원형이 발견되었다. 작업은 야외와 박물관에서 동시에 진행되었다. 영국 박물관에 보관되어 있던, 우르에서 발굴된 토판들이 출판되었는데, 그 내용은 바그다드와 다른 박물관에 있는 토판들의 내용과, 일부는 역사적으로 일부는 직접 관련되었다. 자료가 분산되어 있어 해독(解讀) 작업은 고충을 겪을 수밖에 없었다. 어떤 경우엔 중요한 토판이 미국에 보관되어 있으면 다른 부분은 이스탄불에 보관되어 있기도 했다. 그리하여 둘을 모두 복사하여 전체적으로 해석 작업을 해야만 했다.

고대 문서의 대부분은 상업적이거나 행정적인 명령서, 사업 보고서, 목록, 물품 명세서 등 역사가들에게는 흥미 있는 것일지 모르나 일반인들에게는 별로 관심 없는 것들이었다. 최근 미케네와 크레데의 청동기 시대 문서인 소위 'B선(linear B)'을 해독해 보았으나 문학적인 내용은 발견할 수 없었다. 중부 아나톨리아(Anatolia)의 퀼테페(Kültepe)에서 발굴된 막대한 양의 자료들도 모두 사업 관계의 보고서들뿐이었다. 저주를 내용으로 하는 예외적인 문서 하나를 제외하고는 문학적인 것은 없었다. 그러나 니푸르와 니느웨, 메소포타미아의 고대 문화 중심지를 발굴하면 상당한 가치와 독특한 특성을 지닌 문학 작품이 나타나고 있다.

《길가메시 서사시》는 대체로 기원전 2천년경에 널리 알려졌던 것으로 추측된다. 왜냐하면 이 시는 셈족 악카디안어로 씌어져 있으며 아나톨리아, 보가즈쾨이(Boghazköy)에 있던 힛타이트 왕국의 수도에 대한 사건과 관련되어 있기 때문이다. 또한 이것은 인도 유럽 힛타이트(Indo-European Hittite)와 후리안(Hurian)어로 번역되었다. 남부 터키에서는 술탄테페(Sultantepe)에서 일부가 발굴되고, 한편 분량은 적으나 중요한 부분들이 팔레스타인의 므깃도(Megiddo)에서 발견되어 가나안이나 후기 팔레스타인에

이와 같은 산문시가 있었다는 사실을 암시하고 있으며, 나아가 초기 성서 기록자들이 이 이야기를 잘 알고 있었으리라는 가능성도 엿보였다. 엔키두의 죽음을 묘사하고 있는 팔레스타인의 자료 조각들은 이미 보가즈쾨이에서 발견된 것과 아주 비슷한 내용을 지니고 있다. 시리아 해안의 고대 우가리트(Ugarit), 라스 사므라(Ras Shamra)에서 기원전 2천년경 후반에 기록되었으며 힛타이트 수도에 잘 알려졌던 독립적인 산문시가 발굴되었다. 그것은 길가메시의 홍수 설화에서 파생되었을지도 모르는 홍수 설화의 잔재를 포함하고 있었다. 그러므로 이 기간 동안 상당한 중복과 힛타이트 문서를 포함한 여러 문서들의 혼합이 이루어졌다고 볼 수 있다. 그리고 최근에는 에게(Aege)와 미케네(Mycenae)의 시적(詩的) 전통이 암흑 시대를 거쳐 호메로스와 그리스 시로 이어진다는 주장도 나오고 있다. 이러한 그리스 신화나 초기 시(詩)에서 보여주는 동양적인 요소의 형성 연대와 특징에 대해서는 아직 논란이 끊이지 않고 있으며 확실한 결론을 내리지 못하고 있다.

우룩의 길가메시란 이름이 에게인들에게까지 미쳤든 못 미쳤든 — 이런 주장이 흥미 있는 것임엔 틀림없으나 — 그가 후세의 어떠한 영웅에게도 뒤지지 않을 명성을 지니고 있었다는 것은 의심할 여지가 없다. 그 당시 그의 이름은 널리 퍼져 있어 농담과 위조 작품에도 그의 이름이 나오고 있다. 기원 전 8세기경엔 다른 고대 자료를 복사한 듯한 위조 문서가 생겨났다. 그것은 30파운드밖에 되지 않는 엔키두의 목걸이를 만들기 위해 길가메시가 다른 왕들에게 어마어마한 양의 가축과 금속, 금과 보석을 바칠 것을 요구하는 내용의 편지문이었다.

술탄테페에서 발견된 네 개의 복사판에도 그대로 그 이야기가 나타나고 있는 것을 보면 이러한 위조는 보편적인 현상으로 용납되었던 것 같다. 이 문서도 최근 올리버 구르니(Oliver Gurney) 박사에 의해 번역 · 출판되었다.

3. 역사적 배경

고고학적 발굴과 문서의 해독으로 서사시의 역사적 · 문학적 배경이 자세히 밝혀지게 되었다. 비록 앗수르바니팔의 도서관에서 나온 마지막 자료가 가장 완전한 형태의 작품이긴 하지만 이야기의 중요한 부분들은 이미 수메르 문학에 산발적인 시의 형태로 존재하고 있었으며, 아마도 이 시가 기록되기 훨씬 전부터 이야기는 읊어져 구전(口傳)되어 왔던 것으로 보인다. 이 이야기의 소재는 기원전 7세기 니느웨의 함락 이전의 것들이지만 한편에선 기원전 3천년경의 반복되는 시대적 상황이 나타나고 있으며, 그때의 배경을 제시해 주고 있다. 오히려 역사는 홍수 직후, 신 대신 인간이 도시 국가의 왕좌를 차지하던, 설화와 역사의 초창기인 선사 시대(先史時代)까지 소급될 수 있다. 이것은 고대 수메르 문명의 시대였다.

수메르족은 메소포타미아의 민족 중 최초로 문자를 사용한 민족이었다. 그들의 언어는 길가메시와 연관 있는 니푸르의 가장 오래 된 토판에 쓰어져 있다. 그들은 기원전 3천년경 셈족에

수메르인의 상

게 정복되기 전까지 이미 국토를 정비하고 도시 국가를 이루고 있었다. 그들 자신도 기원전 4천년경 북쪽과 동쪽에서 침입한 민족들이었을 것이다. 이 민족이 법률과 언어, 관념에서 보여준 역량은 셈족에게 정복된 뒤에도 계속 나타나고 있었다. 이것은 마치 유럽에 영향을 끼친 로마의 역량과도 비교된다. 중세기의 라틴어처럼 그들의 언어는 정치적인 기반을 잃은 뒤에도 계속 사용되었다. 따라서 초기 길가메시의 문서는 셈족의 정복이 있은 뒤 기원전 2천년경에 이러한 '학식 있는 언어'로 씌어졌다고 봄이 타당할 것이다.

고고학적인 발굴로 인해 기원전 3천년경의 고대 수메르나 초기 왕국의 문명이 슈르루팍, 키시, 우룩 등 몇몇 중요한 도시가 홍수를 겪은 후에야 형성되었다는 사실을 알 수 있게 되었다. 이 홍수는 '옘뎃 나스르 시기(JemdetNasrPeriod)'라고 고고학자들이 부르는 선사 시대의 종결을 나타내고 있다. 그러나 위의 여러 곳에서 동시에 홍수가 일어났다는 것에 대한 결정적인 증거는 없다. 레오나드 울리(Leonard Woolley) 경이 주장하는 대로 우르에 있었던 첫번째 홍수는 지역적인 것이다. 그것이 전세계적인 것이라는 뚜렷한 고고학적 증거는 찾을 수가 없다. 또 그것이 고대 수메르 전통을 형성한 최초의 대홍수라는 증거도 찾을 수 없다. 후기 수메르인들도 고대 바빌로니아인들과 마찬가지로 홍수란 신이 내리는 것으로서 가뭄과 기근, 질병을 유발하여 멸망을 가져다 주는 것으로 생각하고 있었다. 홍수 전엔 다섯 도시가 있었는데 그 도시는 '하늘로부터 왕권이 수여된' 곳이었다. 홍수 후에 왕권이 다시 한 번 내려져 그때 생겨난 도시 국가들이 서로 싸우게 되었다는 것이다.〈수메르의 열왕기(Sumerian King-List)〉라는 기원전 2천년경의 반역사적인 기록에는 키시가 최초로 세력을 장악한 도시였고 후에 우룩이 키시를 물리치고 지배권을 탈취하였다고 기록되어 있다. 이 두 도시 국가는 전통적으로 적대 관계를 유지하고 있었다. 위의 열왕기는 길가메시

해설/《길가메시 서사시》의 영웅 서사시적 가치   129

아가드의 통치자의 두상

가 홍수 이후 우룩의 첫째 왕조의 다섯 번째 왕이라고 기록하고 있다.

이 도시들은 막대한 부(富)로 인해 항상 아라비아의 야만적인 셈족, 엘람과 동쪽에 있는 전투적인 민족들을 비롯하여 페르시아의 고지(高地) 민족들의 약탈 대상이 되었다. 우룩 왕조가 무너진 후 얼마 안 있어 셈족은 아가드(Agade)에 나라를 세웠고 사르곤(Sargon) 왕은 5천 4백 명의 근위대를 가지고 있었다고 전해진다. 사르곤 왕의 업적 중 가장 위대한 것은 우룩의 성벽 파괴였다. 이 사건은 한동안 믿어지지 않았다. 사람들은 '우룩의 막강한 성벽'이라고 말하고 길가메시를 전통적으로 가장 위대한 축성가(築城家)로 알고 있었기 때문이다.

수메르 초기 왕조 시대에는 각 도시가 이미 자기들의 신전(神殿)을 가지고 있었다. 벽은 부조(浮彫)와 모자이크로 꾸몄고 정원은 웅장하게 꾸몄으며 내부에는 성소(聖所)를 배치하였다. 우룩 같은 데에서는 신전 뒤에 사원(ziggurat)을 따로 세우기도 했다. 그것은 바로 성산(聖山)을 축소한 형태였다. 그것은 신과 인간이 대화할 수 있는 방을 하늘과 땅 사이에 만들어 놓는다는 의미를 지니고 있었다. 그래서 길가메시가 어머니 닌순에게 부탁할 때마다 그녀는 사원 꼭대기로 올라가 태양신에게 제사와 기도를 드리곤 하였다.

이 신전은 한때 전체적인 국가의 부를 좌우하던 영구적인 제사장의 손에 의해 운영되었다. 그들 중에는 서기관이나 교사들, 철학자와 수학자도 포함되어 있었다. 처음에는 이들이 신의 종으로서 특권을 가진다는 점에서 일시적으로 전체 권력을 장악

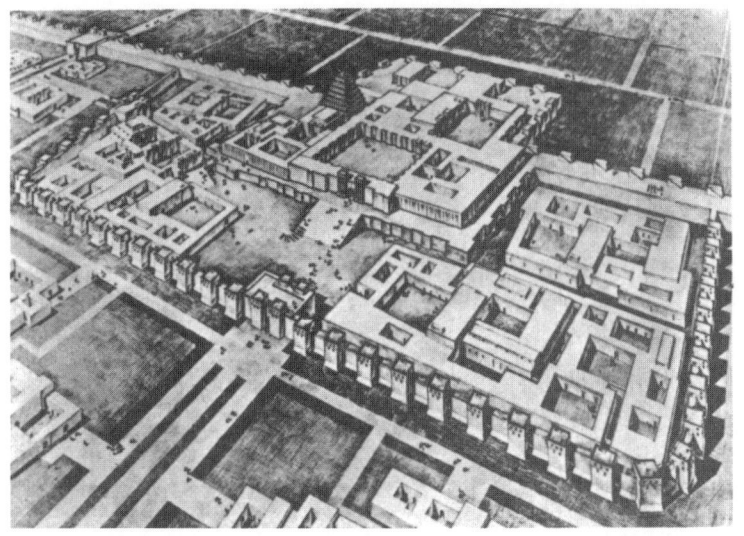

사르곤 2세의 왕성

했었다. 그러다가 개인적인 차원에서 '소작인'과 관리인으로 바뀌었다가 '왕권이 하늘로부터 내려옴으로써' 권력이 세속화되었고 그리하여 진취적이고 투쟁적인 성격을 띤 왕조 시대가 나타나게 되었다. 그러나 신전의 특권은 여전히 신성 불가침한 것으로 남아 있었다.

기원전 3천년경의 군사 제도는 경제적인 이유에서 생겨난 것이었다. 메소포타미아 남부로부터 페르시아 만에 이르는 지역은 지금도 마찬가지이지만 습지와 초원의 열대 지방으로 가물 때에는 대단히 생산적이지만 대추야자를 제외하고는 재목도 광물도 나지 않는 곳이었다. 더구나 주위의 고지에 살고 있던 적대 민족들 때문에 평화로운 무역을 할 수도 없었다. 상업 식민지와 무역 요충지를 설정했으나 페르시아, 아라비아 또는 카파도키아에서 온 무리들에 의해 무역품들은 강탈당하였다. 여기에서 고지 민족과 평지 민족간의 불화가 싹트기 시작하였다. 이때 우룩과 동쪽 고지에 있던 아랏타(Aratta) 사이의 복잡한 관계를 묘사한 수메르 시(詩)도 씌어졌다.

역사적인 자료 가운데에서 우리는 기원전 3천년경 아가드의 사르곤과 라가시(Lagash)의 구데아(Gudea) 등이 그들의 상업 식민지를 보호하고 건축에 쓸 재목을 구해 오기 위하여 행한 몇 차례의 원정 기록을 찾아볼 수 있다. 그렇다고 그들이 그런 원정의 최초 인물은 아니다. 향나무는 북부 시리아와 남부 터키에 걸쳐 있는 아마누스(Amanus) 산맥과 때로는 레바논이나 동서 페르시아로부터 수입되었다. 사르곤은 북부 지역에서 괄목할 만한 정복 사업을 펼쳤고, 그의 신인 다곤(Dagon)에게 '향나무 숲'과 '은산(Silver Mountain)'을 비롯한 '고원(upper region)'을 바쳤다고 전해진다. 여기서 말하는 '향나무숲'이란 아마누스를 의미함이 분명하다. 또한 라가시의 통치자 구데아는 닝기르수(Ningirsu)¹⁾ 신을 위해 신진을 지을 때 "그들은 수사로부터, 그리고 엘람과 서쪽으로부터 구데아에게 구리를 가져왔고……, 거대한 버드나무와 흑단(黑檀)을 가져왔고, 구데아는 전에 아무도 간 적이 없는 향나무 산에 길을 내고 큰 도끼로 향나무를 찍어내어 강물을 따라 뗏목을 만들어 마치 큰 뱀처럼 흘러내려가게 하였다. 소나무 산에서도 마찬가지로 소나무 뗏목을 만들어 보

---

1) 니루르타의 처음 이름. 1장 주 3) 참조.

사르곤 2세 왕성의 문

냈다. 또한 닝기르수의 제사장 구데아는 아무도 가본 적이 없는 바위 산에 올라가 길을 내고, 돌을 큰 벽돌 모양으로 다듬어 실어 날랐고, 마그다(Magda) 산에서 석고와 역청을 실어 왔으며, 들에서 많은 보리를 거두어들였다"라는 구절이 있다. 이러한 구데아의 휘황 찬란한 광채 뒤에 우리는 길가메시라는 그림자를 볼 수 있다. 그는 신전과 도시를 건설하였고 낯선 숲을 탐험하였으며 향나무 재목을 운반하였다.

4. 문학적 배경

수메르 문서에서 길가메시와 관련된 시가 다섯 편 발견되었다. 이 중 둘은 이 시의 나중 부분과 관련되어 있다. 이 둘은 〈길가메시와 생명의 땅〉, 그리고 〈길가메시의 죽음〉이다. 후자

중 적어도 4백 50줄은 이보다 더 오래된 다른 문서의 한 부분일 것이라고 추측되고 있다. 이것들은 어떤 때에는 길가메시와 혼동되어 불리는 인물 —— 기원전 2천 1백년경에 살았던 우르의 통치자 우르남무(Ur-Nammu)를 애도하던 시와 거의 같은 문체로 씌어져 있다. 〈길가메시와 하늘 황소〉에 관한 시는 이시타르 여신의 모욕당함과 보복을 묘사하는 니느웨 문서 속의 설화가 그 바탕을 이루고 있다. 수메르의 〈길가메시, 엔키두와 죽음의 세계〉의 대부분은 하나하나 번역해 가면서 앗시리아 시(토판 7)와의 혼합을 피하면서 덧붙여졌다. 이것은 비록 전에 기록된 사건(토판 7)과 서로 어긋나는 것임에도 불구하고 앗시리아 시의 핵심 부분인 〈꿈〉과 〈엔키두의 죽음〉을 형성하게 되었다. 〈길가메시의 죽음〉도 그렇지만 〈길가메시와 아가(Agga)〉도 수메르에만 알려졌던 이야기였다. 이것은 키시와 우룩 사이에 벌어진 전쟁 이야기로 치열한 영웅들의 투쟁이라기보다는 오히려 평범하고 무미 건조한 이야기이다. 이것도 다른 수메르 시와 같은 형식을 취하고 있으나 《길가메시 서사시》에 포함된다는 점에서 다른 성격을 지니고 있다. 앗수르바니팔의 서기관들과 학자들이 이 자료를 알았을 리는 없지만 (설사 알았다 하더라도) 이 자료를 채택하지 않은 것은 전혀 이상할 것이 없다.

 홍수 설화는 수메르 문학 중 길가메시에 대한 작품의 일부분에 지나지 않는 것이다. 그것은 노아(Noah)와 같은 인물인 지우수드라(' 그가 생명을 보았다' 는 뜻)에 대한 독특한 시이다. 고대 바빌로니아에도 기원전 2천년대 전반에 속하는 홍수 설화가 있었는데 여기에는 아트라하시스(Atrahasis)라는 영웅이 등장한다. 이

시에서는 홍수가 인류를 멸망시키는 최후의 수단으로 등장한다. 처음 부분은 인류 창조와 다른 자료들로 구성되어 있다. 아트라하시스 시의 나중 부분은 앗수르바니팔 통치 기간에 씌어졌다. 고대 바빌론 시대의 증거물이 희박하기 때문에 언제 홍수 설화가 《길가메시 서사시》 속에 들어오게 되었는지 정확하게 말할 수는 없다. 창세기의 홍수 설화와 앗시리아, 바빌론, 수메르의 홍수 설화 사이의 연관성에 대해서는 많은 논쟁이 있었다. 창세기의 내용은 당시 바빌론의 도시들에서 널리 유행하던 이야기를 최종적으로 정리·기록한 것이라는 종래의 주장이 이제는 일반적으로 부인되고 있다. 반면에 그것은 직접적으로 더 오래 된 독립적인 역사로부터 유래된 것이라는 주장이 더 호응을 받고 있다. 《길가메시 서사시》의 열한 번째 토판에 기록된 홍수 설화를 다루기 위해 이런 복잡한 문제에 끼여들 필요는 없다. 문서 자체에 대한 해독이 전체적으로 이 문제에 대한 좀 더 정확한 사실을 밝혀 줄 것이다. 그러나 지금으로선 창세기 설화는 다른 고대 설화와 똑같은 재앙을 되풀이하지 않고 인간과 신이라는 다른 배우들이 등장한다는 점에서 다른 배경을 가지고 있다고 볼 수밖에 없다. 기원전 3천년경 메소포타미아와 중동 지방에서 유행하던 이야기들이 오늘날 모두 재생되어야 할 필요는 없다. 각기 다른 설화들이 독립적으로 존재하고 있었다는 것은 다음과 같은 사실에서 알 수 있다. 즉 적어도 기원전 3세기경 그리스 말을 하는 베로쑤스(Berossus)라는 바빌로니아의 대제사장에게, 셈족의 문서에는 나타나지 않지만 수메르의 지우수드라와 같은 의미인 크시수드로스(Xisuthros), 혹은 시수와 드로스(Sisuthros)라는 이름을 붙이고 있는 것이다.

  길가메시에 대한 이야기 외에도 (비록 완전한 것은 못 되지만) 우룩 왕조 중 길가메시 바로 전의 왕인 엔메르카르(Enmerkar) —— 〈수메르의 열왕기〉 중엔 그가 홍수 이후 두 번째 왕으로 기록되고 있다 —— 에 대한 두 개의 수메르의 시가 발견되었다. 여기에서 엔메르카르는 동쪽 페르시아 고지에 위치한 아라타와 싸우는 것으로 묘사되어 있다. 전쟁의 원인은 상업적인 것으로 '우룩에서 생산되는 옥수수와 아랏타에서 생산되는 금·은·유리 등 건축 자재와의 물물 교환에서 야기된 문제로부터 전쟁이 일어났다. 선전 포고도 하고 유명한 투사도 등장하지만, 이것은 〈길가메시와 아가〉에서 보여주는 행위만큼 영웅적인 것은 못 된다. 시의 기원에 비추어 봐도 우룩은 언제나 아랏타에 대하여 승리하도록 되어 있다.

  또한 루굴반다는 두 시에서 영웅으로 나타나고 있다. 그는 〈열왕기〉에 세 번째 왕으로 기록되고 있으며, 때때로 길가메시의 '아버지'로 반신적(半神的)인 대우를 받기도 한다. 그는 엔메르카르보다 더 흥미 있는 인물이며 길가메시처럼 방랑자이다. 〈루굴반다와 엔메르카르〉라는 시에서 그는 엔메르카르의 신하이며 투사로 나온다. 길가메시처럼 그도 험한 산맥과 쿠르(Kur) 강(죽음의 세계로 흘러가는 강을 말한다)을 건너 적으로부터 엔메르카르를 구해 온다. 〈루굴반다와 후룸 산〉이란 시에선 아랏타로 가는 산악 여행 중 부하들에게 버림을 받고 만다. 그는 태양신에게 값진 제사를 드려 태양신의 보호를 받게 된다. 그리고 길가메시처럼 광야를 방황하면서 가련한 사냥꾼이 되어 짐승의 날고기와 풀을 먹고 지낸다. 이런 이야기를 삽입하게 된 의도는 길가메시의 시 속에서 길가메시가 그의 부하들에게 루굴반다의 자비를 잊지 않고 태양에 제사를 드리며 '루굴반다를 기억하게' 하기 위함인 것 같다. 그러므로 후세의 편집자 역시 본래 《길가메시 서사시》의 기록자처럼 이 내용을 삽입하였다고 볼 수 있는 것이다.

수메르의 서사시는 아마도 기원전 3천년대 초반 수메르 문명의 원초적인 문학 작품이었을 것이다. 그러나 그것은 수세기가 지난 뒤에야 기록될 수 있었을 것이다. 지금까지 일반적으로 공인되고 있는 주장에 의하면 수메르족은 기원전 3천년경 이전에 메소포타미아에 정착하였던 것이 분명하다. 이 기름진 평야에서 그들은 그곳에 거주하고 있던 원주민들의 문화적 유산을 받아들였을 것이다. 원주민들은 문자를 사용하고 있지는 못했지만 훌륭한 도자기와 갈대로 지은 움막집, 햇볕에 구운 벽돌집에서 살고 있었다고 한다. 또 다른 학설에 의하면 수메르인은 바로 메소포타미아의 최초의 원주민일 수도 있다. 어쨌든 이 '서사시'에 묘사된 세계는 (우룩 제3왕조가 지배하던) 기원전 2천년경의 판테온(pantheon) 신전이 건축되고 제도화되고 법률화된 세계와는 다른 기원전 3천년대 초반의 실정을 보여주고 있다.

엔메르카르의 시를 비롯한 초기 작품들은 거의 영웅적인 이야기라기보다는 딱딱한 분위기의 이야기들이다. 루굴반다의 시도 아직 채 번역되지는 않았으나 영웅적인 시의 성격을 띠고 있다고 보기는 어렵다. 나머지 수메르 시의 대부분은 신들에 대한 찬송과 호소, 혹은 그들의 행위와 속성에 대한 것들뿐이다.

대부분의 서사시는 다소 단편적이긴 해도 고대 바빌로니아 시대와 그 후기에 알려졌던 것들이다. 그런데 이 시의 주역(主役)들은 언제나 신과 괴물들이다. 〈드보라(Deborah)의 노래〉가 구약성서의 사사기(士師記, Book of Judges)에 끼여 있는 것처럼 비록 다른 자료들 속에 묻혀 있기는 하지만 길가메시는 유일하게 부활한 영웅의 위치를 차지하고 있다.

5. 서사시의 주인공

길가메시가 역사적인 인물이냐, 아니냐 하는 것이 시를 감상하는 데 심각한 영향을 주는 것은 아니다. 그러나 최근 학자들은, 기원전 3천년대 초반 우룩을 잠시 동안 통치했던 길가메시가 실재 인물이라는 것에 대한 확실한 주장을 하게 되었다. 최근의 논쟁은 그가 기원전 2천 7백년경의 사람이냐, 아니면 모세 후기의 사람이냐 하는 것이다. 길가메시의 조상과 그 당시 인물들의 이름이 단지와 벽돌에 새겨진 채로 발견되었다. 또한 위에서 언급했던 반역사적 기록인 〈수메르의 열왕기〉와 〈툼물 역사(History of Tummul)〉는 길가메시에 대하여 역사적이고 연대적인 증거를 제시해 주고 있다. 〈수메르의 열왕기〉에 의하면 길가메시는 홍수 이후 우룩의 첫째 왕조 다섯 번째 통치자로서 그의 아들은 30년밖에 통치하지 못했으나 그는 126년간 왕노릇을 한 것으로 되어 있다. 그 후의 왕들은 다른 인간들처럼 살며 통지한 것으로 되어 있다. 역시 기원전 2천년경의 기록인 툼물 사료

(史料)에 의하면 길가메시는 키시의 왕들을 본받아 니푸르에 닌릴(Ninlil)² 여신의 신전을 세운 것으로 되어 있다.

몇 가지 연대적인 모순이 있다손 치더라도 그것이 길가메시를 역사적인 인물로 보는 데 반론이 될 수는 없다. 그 왕은 아마도 북쪽의 숲에서 재목을 수송하여 오는 모험을 성공적으로 끝냈고, 또 그 자신이 위대한 건축자였을 것이다. 우룩의 성벽은 일종의 조롱의 대상이었다. 그러나 그 당시엔 구운 벽돌로 성을 쌓을 수는 없었을 것이다. 이것은 후기 학자가 고대 문서를 잘못 이해한 데에서 기인한 것이라고 생각된다.

축조 공사를 하는 데에는 '평철(平凸)' 벽돌이 더 잘 쓰였다는 사실이 밝혀졌다. 와르카 발굴에서도 초기 문자 시대의 것을 포함한 성전 건축의 돌이 발굴되었다. 길가메시는 또한 정의의 재판관으로도 여겨졌다. 후대의 기록에서는 그가 지하 세계의 재판관 크레타의 미노스(Minos)처럼 대우받아 스스로 기도와 찬송, 제사의 대상이 되고 있음을 알 수 있다.

한 예로 사람들은 "위대하신 왕, 아눈나키의 재판관 길가메시여!"라는 것으로 기도를 시작하였다.

시의 첫머리에 영웅이 묘사되고 있다. 아킬레스처럼 그의 어머니도 여신(女神)이기 때문에 그는 반은 인간이고 반은 신이었다. 그는 그녀로부터 아름다움과 힘과 조급한 성격을 물려받았다. 이야기에는 몇 개의 흐름이 있으나 결국은 비극으로 끝난

---

2) 하늘, 땅과 대기의 여신. 어떤 면에서는 지하 세계의 여신도 된다. 엔릴의 아내이며 달의 어머니. 엔릴과 함께 니푸르에서 예배 대상임.

다. 그것은 신의 욕망과 인간의 운명 사이의 갈등이다. 우룩에서 숭배되고 있는 길가메시의 어머니는 비교적 모호한 여신이다. 그의 아버지는, 〈열왕기〉에서는 좀 신비적인 대제사장으로 기록되어 있으나 또 다른 곳에선 '바보' 혹은 흡혈귀 종류의 괴물이란 뜻의 '릴루(lillû)'로 불려지고 있다. 수메르의 시에서 길가메시는 우룩의 일부분인 '쿨랍의 제사장'으로 불리지만, 위기의 순간에는 루굴반다를 '아버지'로 부르고 있다. 루굴반다는 홍수 후 3 대째, 길가메시보다 2 대 전에 우룩을 통치하였다. 그는 우룩의 수호자였고 신의 대우를 받았다. 그는 1천 2백 년 동안 통치하였다.

긴 시간이 지나는 동안 여러 차례 복사와 재구성을 거치면서 이야기의 역사적 사건 자체는 의미를 잃게 되었다. 기원전 3천년경의 정치적 상황은 행동이 중요시되었던 것 같다. 놀라운 것은 수메르, 고대 바빌로니아, 앗시리아 등지의 영웅이 가지는 성격과 인간의 삶과 세계에 대한 비관적인 태도 등에서 정신적인 통일성이 발견된다는 사실이다. 이러한 성격은 적어도 부분적으로나마 메소포타미아에 있어서 삶의 불안정성으로부터 기인하는 것으로 볼 수 있다. 또한 헨리 프랭크포르트(Henri Frankfort)가 서술한 대로 '언젠가는 상상할 수 없는 무시무시한 힘이 인간 사회를 멸망시키리라는 공포 분위기'에 싸인 '불안의 고조'에 의한 것으로도 볼 수 있다. 길가메시를 보면 처음부터 지나칠 정도로 명예와 명성에 사로잡힌 인간, 죽을 수밖에 없는 인간의 이별과 죽음과 운명에 대한 반항을 느끼게 된다. 엔키두라는 인물로 표현된 원시인 혹은 '자연적인' 인간과 길가메시라는 인물로 표현된 문명인 사이의 투쟁은 최근 한 학자에 의해 강조되기는 하였으나 별로 중요한 것이 되지는 못한다.

시는 몇 개의 에피소드로 이루어진다. 즉 친구를 만나고 숲을 여행하며, 변덕스런 여신을 모독하고, 친구의 죽음으로 인해 조상의 지혜와 영생(永生)을 찾는 것 등으로 나뉘어진다. 이 모든 에피소드는 중세기의 시 〈Timor mortis conturbat me〉처럼 하나의 사상에 의해 묶여진다. 향나무 숲에 대한 이야기를 통하여 영원히 이름을 남기려는 욕망이 영웅의 야망을 부채질한다는 사실을 말해 주고 있다. 그러나 친구를 잃게 되었을 때에는 "사랑하던 엔키두가 먼지로 변한 지금 나 혼자 어찌 편히 쉴 수 있으랴? 나 또한 죽어 땅에 영원히 묻힐 것이 아닌가?" 하는 질문이 심각하게 제기된다. 결국 그는 (영원한 생명을 얻을) 기회도 놓치고 놀림감이 되고 만다. 영웅의 죽음을 나타내는 마지막 장면은 인간의 야망에 대한 종말을 의미하며, 이 죽음은 고대인들의 의식 속에 뿌리박히게 된다.

메소포타미아에 널리 퍼져 있던 이런 비관적인 생각은 부분적으로 빈번한 가뭄과 홍수, 외세의 침공 등 예측치 못하는 돌발적인 사건에 기인하며, 또한 이러한 상황을 좌우하는 신들의 변덕스런 성격으로 불안한 도시 국가 생활을 하는 데에서 원인을 찾을 수 있다. 시에서 신들은 무시하지 못할 역할을 하고 있으므로 이들의 속성을 설명할 필요가 있을 것이다. 그들의 이름은 우리에게 생소한 것으로 들리고, 더욱이 그들의 세계는 너무나 특수하여 별도의 설명이 필요할 것이다.

6. 중요한 신들

메소포타미아의 도시 국가들은 공동 신전에서 예배드렸다. 그러나 신들이 같은 이름으로 모든 곳에서 예배되지는 않았다. 셈족이 메소포타미아에 침공해 들어왔을 때 그들은 수메르의 신들을 대부분 받아들였다. 그러나 그들은 신의 이름을 바꾸고 신들 상호간의 관계와 속성까지도 고쳤다. 오늘에 와서는 어떤 신이 메소포타미아의 고유한 신이며, 그 신을 예배한 (수메르 민족 이전의) 원주민이 어떤 민족이었는지는 밝히기가 어렵다. 그러나 전체를 통해 볼 때 서사시 중에서 수메르의 신들이 중요한 역할을 하고 있음을 알 수 있다. 이런 문제는 가장 오래 된 에피소드를 찾으려는 학자들에게 흥미를 줄 것이다. 바빌론의 마르둑(Marduk) 같은 후기의 신들은 전혀 언급되지 않고 있다.

모든 도시는 각자의 행복과 안정을 보호해 주는 개별적인 보호신을 가지고 있었다. 아뉴(수메르의 안〔An〕)는 신들의 아버지로 불렸다.

그는 그리스인들이 제우스(Zeus)보다는 우라누스(Uranus) 쪽으로 생각하던 조상신과 맞먹는 천신(天神)이었다. 수메르의 신들의 족보는 크래머 교수에 의해 구성되었는데, 그에 의하면 태초의 바다로부터 최초로 안이 생겨난다. 그는 창공의 지주(支柱)였다. 그러나 땅 위에 부는 대기는 아니었다. 우라누스처럼 그는 땅(수메르인들은 땅을 키〔Ki〕라고 부른다)과 결합해 대기의 신인 엔릴을 낳는다. 아직 세상은 어둠 속에 있었기 때문에 대기, 즉 엔릴은 별이 없는 밤하늘, 어두운 하늘의 천장과 지면(地面) 사이에 갇혀 있었다. 그래서 엔릴은 달〔月〕 난나(Nanna , 셈족의 신〔Sin〕)를 낳고 난나는 푸른 창공을 빛으로 채우기 위해 배를 타고 여행을 떠난다. 그는 다시 태양 우투(Utu , 셈족의 샤마시)와 사랑과 전쟁의 여신 이난나(Inanna , 셈족의 이시타르)를 낳는다. 문서들 중에는 모호한 것도 많이 있다. 그 중에는 엔키두가 지하 세계로 내려가는 과정을 해설한 것도 있다. 아누는 그리스의 우라누스처럼 그렇게 방관적인 입장을 취하진 않으나 그렇다고 능동적이지도 않았다. 아누가 가지고 있던 최고의 권위는 점차로 엔릴에게 넘어가 《길가메시 서사시》에서는 엔릴이 권위의 상징으로 운명을 결정하고 있다. 그러나 그도 (후에) 바빌로니아의 마르둑에게 지배당하고 만다.

 니푸르를 소유하고 있는 엔릴은 폭풍과 바람이며 호흡이며 아누의 '말씀' 이다. 그를 찬양하는 찬송에 의하면 '엔릴은 말씀의 영(靈)이며 아누의 마음의 영' 이다. 아누가 존재에 대해 권위를 가졌다면 엔릴은 행동에 대해 권위를 가지고 있다. 그는 '위로 하늘을 잠잠케 하는 말씀' 이며, 또한 '인간을 떨게 하는 거대한 홍수' 이며, '어떤 제방도 막을 수 없는 물살' 이다. 〈길가메시 서사시〉에서 그는 파괴적인 면으로 뚜렷이 부각되고 있다. 그리고 그와는 반대로 하늘의 문 안쪽에는 은퇴하여 방관적인 입장을 취하는 아누가 살고 있다. 엔릴은 향나무 숲 속으로 여행을 떠나는 길가메시를 격려하면서 다른 한편으로는 산지기를 죽인 처사를 질책하기도 한다.

 이와 견줄 만한 중요한 신은 수메르인들이 우투라고 부르는 정의와 친절의 태양신 샤마시와 아름다운 반면 무시무시한 공포의 여신이자 사랑의 여신인 이시타르이다. 아라비아에서는 아직도 태양을 '샴스(shams)'라고 부른다. 당시 샤마시는 모든 것을 알고 모든 것을 볼 수 있는 존재로서, 의협심이 강한 인간이 불의에 항거해 그에게 호소하면 정의의 심판을 내려 주는 슬기로운 재판관이었다. 니느웨에서 발견된 찬송들이 그의 속성을 여러 가지로 나타내 주고 있다. "모든 인간이 당신 안에 있어 기뻐합니다. 오 샤마시여! 온 세계가 당신의 빛을 기다립니다. ……공허한 목소리로 약한 인간이 당신을 부릅니다. 집을 떠나 도시에서 멀리 떨어진 곳에서 양치는 소년이 광야가 두려워 당신께 나옵니다. 적들에게 둘러싸였을 때 목자들이 당신을 찾나이다. ……두려움 속에 길 떠나는 대상(隊商)들, 무거운 짐을 짊어지고 여행하는 나그네, 상인들이 당신을 찾나이다."

아무도 그의 눈을 속일 수 없다. "당신의 그물을 펴시어 불의한 탐욕을 구하는 자들을 잡으소서. 당신의 햇살은 그물같이 온 땅에 퍼지옵니다." 그는 또한 신탁의 신이다. "예언자의 잔과 향나무 묶음으로 당신은 제사장, 해몽가(解夢家)들, 점성가들을 가르치십니다……." 그리고 또 다른 찬송에서 그는 재판관으로 표현된다. "날마다 당신은 땅과 하늘의 일들을 판단하십니다. 당신이 불과 광채 속에 나타나실 때 하늘의 모든 별은 당신 속으로 사라지옵니다." 함무라비(Hammurabi)에게 법전을 준 신도 그다.

이시타르는 아누와 함께 우룩의 대신전에서 예배되었다. 그는 하늘의 여왕이며, 또한 사랑과 전쟁의 여신으로 불분명한 성격을 지니고 있다. 아프로디테(Aphrodite)와 마찬가지로 '사랑스럽

기도 하지만 동시에 두렵기도 한 여신'이다. 대개의 신들은 온화한 면과 동시에 난폭한 면도 지니고 있다. 샤마시도 난폭해질 때가 있었다. 그러나 이 시에서 이시타르는 단 한 번의 경우만 제외하면 항상 침울한 성격을 나타낸다. 그가 은혜의 신이라는 것은 기원전 1천 6백년의 한 찬송 속에 표현되어 있다.

"여인의 여왕, 모든 신 중 가장 위대한 그녀에게 경의를 표할지라. 그녀는 기쁨과 사랑의 옷을 입었으며, 열정과 매력과 관능적인 기쁨이 충만하며, 그녀의 입술은 달콤하고 입엔 생명이 있으며, 그녀가 있는 곳에는 행복이 넘친다. 그녀의 모습을 보라. 얼마나 위대한가! 그녀의 머리를 싸고 있는 베일과 그녀의 사랑스런 자태와 빛나는 눈동자를 보라!" 이것이 길가메시에게 나타난 사랑의 여신의 찬란한 모습이었다. 그러나 그녀의 모습은 곧 '슬픔과 전쟁의 여신' 같이 변한다. 다음과 같은 모습으로도 바빌론의 찬송에 나타난다. "오! 연민의 별이여! 그대는 평화스런 형제들로 하여금 서로 싸우게 하고, 또 계속 우정을 나누게 만드는도다. 전능하신 분이여! 산들을 뒤엎는 전투의 여인이여!"

마지막으로 이 시에서 중요한 역할을 하는 신으로는 지혜의 신인 에아(수메르의 엔키(Enki))를 들 수 있다. 그는 땅에 생명을 불어넣어 주는 생수를 가지고 있으며, 그의 집은 당시 페르시아만에 위치했던 에리두에 있었다. 그는 자비로운 존재로 평화를 심는 자로 나타나지만 항상 친절하지만은 않다. 고대의 지혜로운 자들처럼 그는 기만과 속임수를 즐겼으며, 경우에 따라서는 잔혹한 행위도 불사하였다. 그러나 여기서는 '심연 속에 사는 지혜의 주(主)로 행동하고 있다. 그의 족보는 모호하지만 때로는 아누의 아들이라고도 불려진다. 즉 '아누 자신의 형상으로 태어나…… 넓은 아량과 강한 힘을 지닌 자'로 표현된다. 그는 또한 특히 인간의 창조자이며 수호자였다.

　하늘과 하늘의 신들 반대편에는 지하 세계가 있고, 그곳에는 음흉한 신들이 살고 있다. 앞에서 인용한 수메르 창조 설화에서는 안이 하늘의 확고한 위치를 차지하고, 엔릴이 땅을 차지하자 에레시키갈은 대신 지하 세계에 태어나게 된다(혹은 그녀가 지하 세계를 선물로 받았을지도 모른다). 이 신화의 의미는 불분명하나 이 부분은 아마도 페르세포네(Persephone)의 다른 강탈 사건을 묘사한 것인지도 모른다. 에레시키갈은 때때로 아시타르의 큰누이로 불려진다. 그리고 그녀 자신도 한때는 하늘에 살던 여신이었다가 지하 세계의 여왕이 되었을지도 모른다. 그러나 그녀에게는 땅으로 되돌아갈 기회가 주어지지 않는다.

　수메르인들은 지하 세계를 '쿠르(Kur)'라고 부르는데, 이는 또한 산과 외국땅을 뜻하기도 한다. 이 단어는 상당히 모호하게 사용되고 있다. 지하 세계는 땅 아래와 거대한 심연인 하계(下界)의 바다 위에 위치하고 있다. 이곳으로 가는 길은 '산으로 들어가는 길'이다. 그러나 이 길에는 길목마다 많은 난관이 도사리고 있다. 그러므로 이 길은 '마차의 길'이며 '돌아오지 않는 길'이다.

　시간이 지날수록 (구태여 이름을 붙이자면) '강탈 설화'는 점점 잊혀지고 그 중요성을 상실하였다. 따라서 '쿠르'란 이름도 잊혀졌다. 왜냐하면 에레시키갈이 여러 남편을 얻기는 하지만 역시 그곳은 하이데스(Haides)처럼 어두운 곳임에는 틀림없기 때

문이다. 지하 세계의 여왕은 공포적인 존재로서 완곡하게 표현한다는 것은 다음 사실을 두고 하는 말이다. "쉬고 있는 그녀, 그녀는 니나쥐(Ninazu)의 어머니이며, 찬란한 망토도 그녀의 어깨를 가리지 못하고 리넨으로도 그녀의 가슴을 가릴 수 없다." 수메르의 셈족에게는 지하 세계를 묘사하는 시가 약간 있다. 때로는 여신과 인간들의 여행 장면을 묘사하기도 한다. '쿰무(Kummu)라는 이름을 가진 앗시리아의 왕자는 죽음과 사후 세계에 대한 무서운 환상을 보게 된다. 모든 천사가 악마로 변하고 스핑크스와 사자, 독수리와 사람의 손과 발을 가진 케루빔(cherubim) 등 인간의 마음을 떨게 만드는 갖가지 환상적인 괴물을 보게 된다. 그것은 암흑의 종말이었다. 이 장면은 도장과 상아와 돌 위에 조각되어 발견되고 있다. 이것들은 중세기의 조각과 문장(紋章)을 거치면서 현재도 전해지고 있다. 그것들이 상징적인 의미를 상실한다면 표현되고 있는 신비는 우리에게 이

해되지 못할 것으로 보일 것이다.

  길가메시의 모험을 통해 우리는 지하 세계의 실정을 알 수 있다. 길가메시는 지하 세계를 극복하려 하지만, 그것은 인간의 어쩔 수 없는 결말임이 증명된다. '신만이 영원히 살 수 있기' 때문이다. 엔키두는 꿈을 통해(다른 시에서는 엔키두가 잃어버린 보물을 찾기 위해) '돌아올 수 없는 길'을 살아서 내려간다. 그러나 전에 지하 세계에 내려간 적이 있던 영웅 헤라클레스(Herakles)나 테세우스(Theseus)와는 달리 그에게는 아주 짧은 시간에 돌아올 수 있는 기회가 주어졌다. 그것도 길가메시가 물었을 때 "앉아 울어다오. 언젠가 네 마음을 즐겁게 하던 이 몸뚱이는 낡은 외투처럼 해충이 갉아먹었다"고 말할 시간밖에 주어지지 않는다.

  이집트인은 천당의 환상을, 바빌로니아인은 지옥의 환상을 우리에게 주었다고 말하는 것은 지나친 속단이겠지만, 어느 정도 타당성이 있는 말이기도 하다. 수메르나 바빌로니아의 세계에서는 신들만이 하늘에 살고 있었다. 인간들 중에는 오직 한 사람만이 '강의 입구'에서 영원히 살고 있다. 그는 이노크(Enoch)처럼 '신과 함께 걸으며, 신이 그를 택하였기 때문에' 더 이상 홍수 이전의 희미한 과거 속에 살지 않게 되었다. 그외의 사람들은 모두 '암흑 속에 앉아 있어야 하며, 먼지가 음식이 되고 진흙을 고기 대신 씹어 먹으며, 새처럼 날개의 망토를 입고 먼지로 싸인 그런 집으로 가야만' 한다. 그것은 진흙 속에 날갯죽지를 파묻고 있는 거대한 새의 모습이다. 이 지하 세계에는 또한 아눈나키와 에레시키갈처럼, 한때는 지상에서 하늘의 신들과 함께 살다가, 제우스에게 벌받은 티탄(Titan)처럼, 또는 루시퍼 (Lucifer)처럼 죄를 지어 지하 세계로 쫓겨와 재판관이 된 이름 없는 존재들도 살고 있다. 바빌로니아에서는 죽은 사람의 영혼을 위해 다음과 같은 송가를 부른다. "정지된 태양에게 나아갈 지라. 지하 세계의 수문장 네두(Nedu)의 마음에 들도록 하라. 네두는 그대를 자세히 살핀 후 자물쇠를 열어 주리라."

그렇다고 항상 이렇게 어두운 장면만이 있는 것은 아니다. 수메르의 시들 중 어떤 것은 의로운 영혼은 죽지 않으며 그런 영혼은 재판관을 두려워할 필요가 없다고 말하기도 한다. 그러나 열두 번째 토판에 기록된 엔키두의 영혼이 묘사한 지하 세계는 비애의 장소임에 틀림없다. 이곳에 이르는 여행은 《오디세이아》의 마지막 장면을 연상시킨다. 즉 페넬로페(Penelope)와 그의 동료들이 신비스런 동굴 속 깊은 곳에서 박쥐떼처럼 우왕좌왕 끌려다니다가 그 중 한 명이 절벽 밑으로 떨어지게 된다. 이런 돌발적인 사고를 당하자 헤르메스(Hermes)의 지휘 아래 탐험대가 조직된다. 그들은 헤르메스의 뒤를 따라 어두운 파멸의 길로 내려간다. 대해를 건너고 흰 바위를 넘어 태양의 문과 꿈의 나라를 지나 아스포델(asphodel:희랍 신화에 나오는 시들지 않는 꽃)이 피어 있는 곳에 도달한다. 그곳은 육체 없는 인간의 영혼들이 거주하는 곳이었다. 이러한 이야기는 비록 그것이 한 시인에 의해 이난나를 찬양할 목적으로 씌어지기는 했지만 엔키두를 에레시키갈의 궁전에까지 인도한 무시무시한 '해방자' 헤르메스를 제외하고는 바빌로니아인들과 거의 같은 (종말에 대한) 생각을 하고 있었음을 보여준다. 이러한 사후 세계에 대한 관념은 구약 성서의 〈시편〉 기록자에게도 잘 알려졌던 것 같다. "그들은 양들처럼 지옥에 갇히어 죽음이 그들을 먹이고 다스릴 것이며, 어느덧 그 모습은 사라져 버려 지옥이 그들의 집이 될 것이다."

이집트에서는 죽어가는 사람이 낙원에 대한 희망을 가짐으로써 최후의 위안을 받고 용기를 얻게 된다. 심판과 영혼의 고통을 겪고 의로운 자의 영혼은 재생하여 낙원에 들어갈 것으로 믿는다. "나는 레(Re)의 갈대 숲을 알고 있다. ······그 보릿단 꼭대기에서 ······동방의 영혼들 옆에서 숲의 주인들은 그것을 거두어들인다!" 이러한 부활은 특정한 인간과 왕들에게만 국한되는 것이 아니다. 그것은 "수많은 사람들이 할 수 있다. ······ 이곳에 오지 않는 자는 없다 ······땅 위의 삶은 꿈과 같아지고 서쪽에 도달한 자들은 환영을 받고 안정과 평안 속에 거할 것이다!"

7. 줄거리

비록 이 서사시에서 신들이 중요한 위치를 차지하고는 있지만 적어도 후기 작품에서 《길가메시 서사시》는 《오디세이아》만큼 세속적인 시로 나타나고 있다. 죽은 자에 대한 애도나 '지혜'의 단편 속에 약간의 종교적인 요소가 보인다 해서 이 시를 바빌로니아의 창조 설화 《에누마 엘리시(Enuma Elish)》[3]처럼 종교적 의식 중에 낭송되있다고 볼 수는 없다. 이 시는 철저하게 세속이며 주인공의 영웅적인 삶을 전하는 이야기일 뿐이다.

이 시에서는 다른 민담(民譚)에서처럼 주인공의 탄생이나 어린 시절에 대한 설화를 찾아볼 수 없다. 이야기는 그가 성장한 어른이었다는 데에서부터 시작된다. 그는 용모와 용기가 뛰어나며 그의 반신적(半神的)인 본성으로 인한 지칠 줄 모르는 갈망 때문에 사랑에서나 전쟁에서는 상대를 찾아 볼 수가 없다. 그의 괴력에 사람들은 번번이 패하고 만다. 이에 그들은 신의 도움을 청하게 된다. 첫번째 에피소드는 어떻게 그들이 그의 상대를 만들어 책략을 꾸미는가를 말해 주고 있다. 그 상대는 '원시인' 엔키두로서 그는 야생 동물들에 의해 키워졌고 영양떼만큼 빠르게 달렸다. 그러다가 엔키두는 도시에서 온 창녀에게 사로잡혀 동정(童貞)을 상실하면서 길들여진다. 그러자 동물들은 그를 배척하게 되었고, 그는 서서히 옷도 입고 인간들의 음식도 먹고 양도 치며 이리와 사자를 물리치는 등 훈련을 받으면서 문명의 도시 우룩에 가게 된다.

 그는 죽는 순간에 자신을 교육한 자들을 저주하지만, 그 전에는 한 번도 숲의 생활을 그리워한 적이 없었다. 이것은 하나의 '타락'이다. 발전에 따르는 비극을 야기하는 다행스런 죄이다. 또한 이것은 문명에 이르는 인간의 발전 단계를 비유한 것이기도 하다. 문명은 원시 사회에서 목축 사회로 그것은 다시 도시 사회로 발전한다. 이런 이야기를 근거로 바빌로니아인들은 진보

---

3) 셈족의 창조 설화. 신들의 창조 과정과 젊은 신 마르둑(Marduk)에 의해 혼돈의 세력이 정복되는 과정, 패한 혼돈의 동료 킹구(Kingu)의 피에서 인간을 창조하는 과정이 기록되어 있다. '에누마 엘리시'란 제목은 서사시의 처음 대목인 '높은 곳에 있을 때'에서 따온 것이다.

된 사회인들이라 불러 왔다.

 근자에 와서 G.S. 커크(Kirk) 교수는 레비스트로스(LéviStrauss)의 구조주의적 방법으로 엔키두의 탄생·유혹, 길가메시와의 투쟁 등을 해석하려고 시도하였다. 엔키두는 '자연'을 나타내며 '문화'를 표현하는 길가메시와 상반된다. 그러므로 이 설화의 목적은 (문화와 자연 사이의) 갈등을 해소시키고 둘을 연결시켜 주려는 데 있다고 본다. 그러나 이것은 이야기의 한 해석은 될지 몰라도 가장 중요한 건 되지 못한다. 이런 주장은 아무 근거 없이 자연적인 인간을 행복과 건강으로, 문명인을 비정상적인 것으로 단순화시켜 버린다. 또한 기원전 2천년경 바빌론의 문학과 복잡한 상황, 기원전 1천년경의 앗시리아를 호메로스와 헤시오도스 당시의 그리스, 특히 레비스트로스가 말하는 아메르인디언(Amerindians)과 동일시하는 것은 큰 잘못이다. 어떤 경우에든 엔키두는 '모형적인 인간'에 지나지 않는다는 주장은 사실에서 어긋난 것임에 틀림없다.

 갓(Gadd) 교수는 우르 문서 중 가장 늦게 발굴된 것을 해설하면서 죽어가고 있는 엔키두가 태양신과 대화하는 중에 그가 그의 아내 '일곱 아들의 어머니'와 함께 숲에서 살 때에는 행복했었다고 고백한 점에 관심을 두고 있다. 갓 교수는 이 이야기에서 세 가지 비극을 밝혀내고 있다. 그것은 매춘부의 유혹에 끌려 곧 싫증을 낼 수밖에 없는 삶을 살아야 했던 남편의 비극과 도시로 끌려가 도시 속으로 사라지는 유목민의 비극, 마지막으로 한 여인의 유혹으로 그녀를 통해 불행을 가져다 주는 지식을 얻는 '위대한 원시인'의 비극이다. 우룩에서 벌어진 씨름을

계기로 결합된 엔키두와 길가메시의 우정은 모든 사건의 핵심을 이루고 있다. 길가메시는 엔키두를 만나보기도 전에 꿈속에서 '여인을 사랑하는 것처럼' 그에게 매력을 느끼게 된다. 그리고 둘이 만났을 때 엔키두는 '어린 동생'이 된다. 수메르의 시에서는 —— 엔키두에 대한 소개도 없이 —— 주종 관계가 강조되고 있지만, 그는 길가메시의 '둘도 없는 친구'였다. 신비스런 향나무 숲이나 그 숲의 관리자에 대한 정보를 알려 준 것도 엔키두였다. 바로 그 괴물과 만나는 것이 두 번째 에피소드이다.

숲 속의 여행과 계속되는 투쟁은 중세기의 '풍유'처럼 여러 각도에서 해석할 수 있다. 숲은 실재의 숲을 말한다. 어떤 때에는 북시리아에 있는 아마누스를, 때로는 남서 페르시아에 있는 엘람을 나타낸다. 이 숲은 또한 켈트족 영웅이나 중세 기사들의 모험의 대상이며 불가사의한 힘에 지배되는 곳이다. 또한 이곳은 어두운 영혼의 숲이기도 하다.

 우선 역사적으로 도시에 목재가 필요하다는 사실이 모험의 동기가 되고 있다. 우룩의 왕 길가메시는 아가드의 사르곤이나 라가시의 구데아처럼 거창한 성벽과 신전을 지어 자신의 야망과 능력을 과시하고 싶었다. 그러나 숲 속에는 향나무를 빼앗아 가려는 자들을 물리치는 이상한 종족이 살고 있었다. 목재를 가져가려면 싸움은 불가피했다. 싸움에서 숲 속 종족의 신들은 자기 백성을 도왔다. 따라서 이러한 신들에 대항해 싸우려면 보다 강한 힘을 지닌 메소포타미아의 강력한 신들의 도움이 필요하였다. 샤마시는 길가메시가 그에게 성전을 지어 준다는 약속을 하자 그를 도와 싸움을 승리로 이끌었으며, 성전을 짓는 일에 특별한 보호를 베풀었다. 산들은 지진과 화산을 터뜨려 횡포를 부렸다. 지진은 아나톨리아를 지나 아르메니아까지 이르렀으며 화산 폭발은 기원전 3천년경까지 계속되었던 것 같다. 이 사실은 향나무 숲에서 길가메시가 꾼 꿈속에 나타난 화산 폭발을 자세히 묘사하려는 시인의 관심을 통해 알 수 있다. 지금까지는 역사적인 차원에서 살펴보았다.

 두 번째로 이 이야기는 모험이라는 차원에서 살펴볼 수 있다. 두 젊은이는 명성(名聲)을 얻기 위해 출발한다. 파수꾼이 지키고 있는 산과 향나무들은 일상 생활에서는 얻을 수 없는 다른 차원의 세계인 것이다. 그들은 무장을 하고 떠난다. 그들은 북쪽 혹은 동쪽 산맥으로 여행을 하여 북시리아, 아나톨리아 혹은 엘람의 신으로 여겨시는 훔바바를 만나게 된다. 훔바바는 여러 가지 수법으로 숲을 보호한다. 엔키두가 그를 무찌르고 모든 마술

의 문을 열고 들어간다는 것은 잘못 이해한 것이다. 왜냐하면 엔키두가 죽는 마당에 회고한 그 문이란 숲에서 잘라온 나무로 만든 우룩의 성문을 뜻하기 때문이다. 길가메시가 거대한 향나무를 넘어뜨리자 그에게 신비스런 잠이 덮쳐 왔다. 그리고 훔바바는 숲 속 깊은 곳까지 뒤져 마침내 그들의 발자취를 발견하고는 죽음의 '눈'을 뜨고 죽음의 '목례'를 하며 길가메시에게 다가온다. 그때 그는 샤마시의 여덟 가지 바람으로 겨우 훔바바를 진정시킬 수 있게 된다. 바람의 위력은 대단했다. 《에누마 엘리시》에 밝혀진 대로 마르둑이 창조할 때 혼돈의 물결을 정복한 것도 이 바람의 덕이었다.

세 번째로 훔바바는 '악'을 상징한다는 차원에서 살펴볼 수 있다. 그가 악과 관련되는 것은 단지 "땅에 있는 악 때문에 우리는 숲에 가서 악을 물리칠 것이다"라는 말에 처음으로 기인한다. 그래서 길가메시는 용을 죽이는 기사 역할을 한다. 비록 그들이 샤마시의 무기를 쓰는 신들의 도움으로 엔릴의 부하들을 물리치기는 해도 화를 잘 내는 폭풍의 신의 비위를 건드려 놓았기 때문에 후에 화를 입게 된다. 어떤 점에서 보면 이 모든 숲의 시련은 길가메시와 엔키두를 파멸시키려고 엔릴이 설치해 놓은 장애물인 것이다.

숲은 '생명의 나라' 혹은 단지 '나라'로서 이 세상의 한계 저편 어디엔가 위치하고 있다. 그 숲 가운데에는 산이 있는데, 그 산은 신들과 죽음의 세계, 꿈을 보내는 자가 만나는 곳이기도 하다. 그것은 또한 '태양의 동산'과도 관계가 있다. 후에 길가메시는 태양신과 꿈에서가 아니라 현실에서 얼굴을 맞대고 만나기 위해 이 동산에 들어간다. 왜냐하면 이 땅은 '샤마시의 것이기 때문이다.' 숲과 그 숲을 지키는 파수꾼의 모습은 어색하기 짝이 없다. "그대는 거대한 물줄기처럼 생긴 골짜기를 볼 것이다. 그리고 그 골짜기에는 거대한 나무가 있는데, 그 끝은 푸른 전나무보다 더 푸르리라. 그 나무 아래 하나의 샘이 있다." 〈마비노기온(Mabinogion)〉이란 웨일즈인의 이야기에서 키논(Cynon)은 '세상과 광야'를 헤맨 후에 산지기에게 인도된다. 거기서 그는 '세상에서 가장 멋진 골짜기와 그 안에서 자라는 똑같은 높이의 나무들, 그리고 그 골짜기를 통해 흐르는 강물과 그 강물을 따라 이어지는 길'을 발견하게 된다. 이것은 비록 12세기의 웨일즈인들에 의한 기록이지만 산 입구의 향나무, 잡목으로 덮인 광대한 초원, 평탄한 길 등 엔키두와 길가메시가 향나무 숲에 도착했을 때 본 것과 아주 흡사한 내용으로 묘사되고 있다.

이야기에 나오는 산지기는 모든 동물을 다룰 수 있는 능력이 있어 그가 들에 나가기만 하면 짐승들이 그의 주위로 몰려든다. 그리고 셈족의 시에 나오는 산지기도 '어린 송아지가 60리 그 밖에서 울더라도 들을 수' 있는 능력을 지니고 있다. 이 훔

해설/《길가메시 서사시》의 영웅 서사시적 가치 157

바바는 키논이나 북구 설화 속에 나오는 녹색 기사가 만났던 장갑을 낀 괴물처럼 영원한 괴물 목자(牧者)이다. 그의 야성적인 성격은 숲이 변하지 않듯 몇 세기를 지나도 변하지 않는다. 그러나 수메르 시에서의 그는 광포한 성격도 지니고 있다. 이것은 아마 화산과 관계 있는 것으로 보인다.

숲의 여행이 거의 성공적으로 끝나갈 무렵 길가메시 왕에 대한 화려한 찬양이 나온다. 마치 아테네가 오딧세우스에게 파도의 시련을 극복하자 신의 아름다움을 준 것과 마찬가지로 길가메시는 신 같은 의복을 입고 왕관을 쓰고 아름다움을 드러낸다. 이 순간 이시타르가 그를 보고 사랑을 느끼게 된다. 그녀는 여러 가지 약속으로 그를 유혹한다. 그러나 불경하기 짝이 없는 인간에 의해 여신이 멸시당하는 놀라운 사건이 일어난다. 이와 비슷한 예로 호메로스의 송가에 이다(Ida) 산의 양치는 소년 안키세스(Anchises)의 이야기가 있다. 그는 아프로디테로부터 "죽음을 모르는 여신과 함께 누운 자는 이후로는 생식 능력이 없어질 것이다"라는 말을 듣고 병이 들었다. 또한 히폴리투스 (Hippoly-tus), 혹은 오비드(Ovid)에 나오는 피쿠스(Picus)와 키르케(Kirké)와도 견줄 수 있다. 그래서 이시타르는 전에 그녀의 사랑을 받았던 불행한 애인들의 예를 들추어냄으로써 비난을 받게 된다. 한 남자는 날개가 부러진 새가 되었고, 또 다른 애인은 늑대와 눈먼 두더지가 되었다. 이시타르도 키르케와 같은 능력을 가지고 있는 것으로 보아 이 이야기는 한때 바빌로니아에 유행하던 '변형(變形)'의 자료에서 나온 것으로 생각된다.

다음으로 '하늘 황소'를 죽이는 장면이 나온다. 이 황소는 길가메시의 멸시에 화가 난 여신 이시타르가 내려 보낸 것으로 7년간 가뭄을 들게 한 괴물로 나타나고 있다. 아누는 처음에는 황소를 내주기 꺼려하였으나 이시타르가 지옥의 문을 열어 죽은 영혼들을 풀어놓아 산 사람들을 집어삼키겠다고 하자 마지못해 내주고 말았다. 그녀의 공갈은 다른 시에서도 볼 수 있는 것처럼 전혀 무시할 수 없는 것이기 때문이다. 황소를 죽이는 곡예는 크레타의 황소 사냥에서 볼 수 있는 기술과 같다.

지나친 행동은 불행을 가져온다. 엔키두는 자비를 구하는 훔바바를 사정없이 처치했고 이시타르에겐 모욕을 주었다. 그에 비하면 길가메시의 죄는 좀 가벼웠다. 비록 그가 황소를 죽이고 그의 주위에 몰려드는 사람들에게 "길가메시야말로 가장 뛰어난 영웅, 그는 인간 중 가장 위대한 분이십니다"라고 노래하게 했을망정 그는 훔바바가 애원했을 때 마음이 흔들리기도 했었다. 그리하여 신들의 보복은 엔키두에게 먼저 내려졌다. 그는 꿈에서 경고를 받았다. 그는 회의 중인 신들을 보았고, "왜 이렇게

많은 신들이 한군데 모여 있을까?"하고 불길한 징조를 느끼며 질문을 던진다. 아누는 방관적인 성격 그대로 "둘 중의 하나를 죽이자"고 판결을 내린다. 샤마시가 길가메시와 엔키두를 변호하고 나섰으나 마치 태양과 폭풍 사이의 싸움처럼 엔릴과 격렬한 논쟁을 치른 뒤 결국 길가메시만을 구하고 엔키두는 죽일 수밖에 없게 된다. 밤이 되어 엔키두는 죽음의 환상을 보았다. 그 내용은 바빌로니아인들의 사후 세계에 대한 관념을 알 수 있는 중요한 자료 중의 하나이다. 다른 자료는 〈엔키두와 죽음의 세계〉라는 수메르의 시와 그것을 악카디아어로 번역해 길가메시의 시 부록으로 붙여 구성한, 니느웨 교정본이라 알려진 열두 번째 토판에서 찾아볼 수 있다. 엔키두는 여기에서 길가메시가 잃어버린 신비스런 (어떤 면에서는 무술적[巫術的]인) 북과 북채를 찾아오기 위해 지하 세계로 내려간다. 경고를 받았음에도 그는 여러 가지 금지 사항을 어겼다. 그래서 그는 그곳에 붙잡히게 되었다. '죽음의 세계가 그를 잡았기 때문이다.' 그러나 땅이 갈라지면서 구멍이 생겨 그곳으로 빠져나와 본 바를 기록할 수 있게 됐다.

전체 이야기의 반 이상이 엔키두의 죽음에 대해서이다. 친구는 떠나고 길가메시는 혼자 남게 되었다. 완전한 우정의 즐거움을 안 그는 이제 우정없이 살아가는 방법도 배워야 했다. 그러나 그것은 견디기 어려운 시련이었다. 죽음은 불가피하다는 사실이 전에는 그로 하여금 용맹스러운 행위와 빛나는 투쟁을 할 수 있게 하였지만, 이번에는 반대로 모든 행위는 결국 무의미한 것이며 새로운 실패를 경험할 뿐이라는 결론으로 그를 이끌었다. 위대한 왕도 결국은 죽을 수밖에 없는 평범한 인간에 지나지 않는 것이다. 이러한 순간에 그는 자기의 조상들을 생각하기에 이르렀다. 그 중에서도 영원한 생명을 얻어 신들의 모임에 참여한 우투나피시팀을 생각하게 되었다. 그는 홍수 속에 살아남은 또 다른 노아이며, 신들은 그를 '강 입구'에 살도록 했고, 사람들은 그를 '머나먼 곳'이라고 불렀다. 오디세우스가 테이레시아스(Teiresias)를 찾아 길을 떠나듯 길가메시는 땅의 한계를 알고, 하늘의 지혜를 찾아 나선다. 이 두 번째 여행은 향나무 숲 여행의 또 다른 반복이 아니다. 그것은 역사적인 사건에 근거한 것이 아니며 전혀 다른 세계를 여행하는 것이다. 그리하여 몽상적이고 모험적인 영혼의 세계가 나타난다. 원시적인 지리(地理)로 묘사되고 있지만, 그 세계는 단테의 암흑의 숲, 산, 함정 등과 같은 상징적인 것들이다. 아직 발표되지 않은 루굴반다의 자료에서 다른 것이 발견되지 않는 한 이 내용은 어느 수메르의 자료보다도 탁월한 위치를 차지할 것으로 알려지고 있다.

오랫동안 광야를 방황하면서 길가메시는 동물의 가죽을 입고 가련한 사냥꾼처럼 되어 산길에 접어들게 되었다. 거기서 그는

달빛 속에 뛰어다니는 사자들을 죽였다. 이 짧은 내용은 거의 우연히 소개되어 있다. 그러나 이것은 우리에게 밝혀지지 않았던 중요한 점을 말해 주고 있다. 그는 여행이 끝날 때까지, 젊음의 산에 도착할 때까지 사자옷을 입고 있었다. 그런데 여러 가지 문양(紋樣) 중에 사자들과 싸우고 있는 길가메시의 모습을 그린 조각이 발굴되고 있다. 두 마리의 사자가 서 있는 모양을 새긴 전사(戰士)의 문장(紋章)은 고대, 중세를 거쳐 현대에까지 전해져 왔고 오늘날엔 '길가메시 문장'이라 부르고 있다. 단테가 산기슭에서 만난 '고개를 높이 쳐들고 굶주려 울부짖는 사자'는 자만을 나타낸다. 반면 중세 성가대석에 새겨진 표범은 그리스도를 상징한 것이다. 이것은 표범이 용을 죽이고 사흘 동안 잠을 잔 후 자신의 호흡으로 세상을 평화롭게 만들었다는 사실로 보아 알 수 있다. 그러나 중세기를 연구하는 학자들의 연구 없이는 색슨(Saxon)족과 중세기 조상들에게 널리 알려졌던 이 상징을 올바로 이해할 수가 없다. 이 사자의 싸움을 나타내는 상징의 중요성을 밝혀 줄 단서가 거의 없다는 것도 무리는 아니다. 오직 힛타이트 기록에서 사자는 달의 신과 특별한 관계를 가지고 있었다는 사실을 알아낼 수 있을 뿐이다.

길가메시는 사자를 죽인 뒤 반은 사람이고 반은 전갈 꼬리가 달린 용의 모습을 한 사나운 문지기가 지키고 있는 태양의 산에 도착하게 된다. 《에누마 엘리시》에 의하면 이런 괴물은 태초에 혼돈에 의해 창조된 괴물 중의 하나인 것이다. 산은 보통 막 지려는 태양과 함께 그려진다.

이곳이 서쪽 지평선으로 샤마시(태양)가 황혼 무렵에 사라졌다가 다시 새벽에 나타나는 경계선이 된다. 이것은 하늘의 담이며 동시에 지옥의 문도 된다. 수메르인들은 태양이 밤에는 어머니인 대지의 품속에서 자는 것으로 생각했으나 셈족은 태양이 배를 타고 땅속을 지나 지하 세계의 파도를 넘어 동쪽 산으로 와서 아침에 다시 그의 신부 새벽과 함께 여행하는 것으로 생각하였다. 길가메시는 마슈(Mashu)라는 산을 지나면서 태양이 지나는 자취를 그대로 따라간다. 두 개의 봉우리는 해가 지고 뜨는 곳이며, 여행의 목적지는 대해의 해변가에 있는 태양의 뜰이었다.

이 신들의 뜰은 하늘에 있는 것이 아니라, 오히려 땅 위의 낙원 '에덴(Eden)의 동쪽에 있는' 새벽의 땅이다. 그러나 이곳은 홍수 속에서 살아 남은 우투나피시팀이 살고 있는 딜문과는 달리 죽음의 바다 한쪽에 위치하고 있다. 그 내용은 불행하게도 단편적으로 보존되어 있을 뿐이다. 뜰에 장식된 보석에 대한 찬미는 거의 상실되었다. 오직 고대 셈족에게서 찾아볼 수 있는 에덴 정원에 대한 약간의 암시를 얻을 수 있을 뿐이다.

여기에서 태양은 이른 아침 산책을 하던 중 지치고 절망에 싸인 인간 길가메시를 보게 된다. 그가 길가메시를 타이르고 실패

를 경고해도 길가메시는 고집을 꺾지 않는다. 바닷가에서 그는 포도로 술을 만드는 시두리라는 여인을 만나게 된다. 그녀는 '사비트(Sabit)'라고도 불리는데, 이는 '술집 작부'를 뜻한다. 또한 이 이름은 베로쑤스에 나오는 시빌(Sibyl)과도 관련이 있을지 모른다. 그녀는 수수께끼 같은 인물이다. 그러나 그녀는 키르케와 같은 말투를 쓰며 태양의 딸로서 바다 가운데에 있는 섬에 살고 있었다. 그 섬은 동과 서가 만나는 곳이며 마술의 약초와 식물이 자라고 있었다. 키르케와 그녀의 아들 코무스(Comus)처럼 시두리는 길가메시에게 먹고 마시는 '철학'을 말하며 그런 것을 즐기는 것 역시 인간의 운명임을 설명해 준다. 그녀가 술을 이고 있는 모습은 중세 수피(Safi) 시인들에겐 '나타난 현실'을 상징하는 것으로 쓰이고 있다. 오디세우스가 키르케에게 '대해를 건너' 하이데스로 가는 길을 물은 것처럼 길가메시도 시두리에게 죽음의 바다를 건너는 방법을 물어 알게 되었다. 그러나 오디세우스와는 달리 그는 다른 뱃사공이 필요했다. 그리고 시두리의 설명도 확실하지 못했다. 거기에는 큰 위험이 있었다. 길가메시는 죽음의 파도와 대해를 건너야 했지만 지하 세계를 여행하는 것은 아니었으며 사공 우르샤나비도 사자(死者)를 나르는 뱃사공이 아니었다. 그것은 태양이 매일 밤 '강 입구에 있는 통과 지점'을 지나는 길을 따라가는 여행이었다. '머나먼 곳' 우투나피시팀에게 이르기까지 길가메시는 모든 고대인들, 그리스인들, 셈족과 수메르인들에게 알려졌던 가장 깊은 바닥인 바로 그 대해를 건너야 했다. 죽음의 파도와 대지를 감싸고 있는 심연 압수(Apsu)⁴)가 가로막고 있어 건널 수가 없었다. 약삭빠른 로마인들도 대서양은 두려워하였다. 시저(Caesar)가 영국 해협을 건넌 것은 초인적인 모험으로 여겨지고 있다. 왜냐하면 지중해와는 달리 영국 해협은 대해의 시발점이었기 때문이다.

  수메르인들은 대해란 페르시아 만 밖에 있는 것으로 거기에도 강들이 흘러들어가는 딜문이 있는 것으로 생각하고 있었다. 이런 점에서 '강들의 입구'는 그리스의 '대해의 샘'과 동일한 것으로 볼 수 있다. 호메로스나 헤시오도스의 시에서도 봄 꽃이 만발한 부드러운 들판이 있는 먼 서쪽, 밤을 향해 있는 엘리시안(Elysian) 평야와 축복의 섬들이 등장하고 있다. 딜문도 죽은 자들을 위한 곳은 아니다. 우투나피시팀은 살아 있다. 그는 홀로 거기서 영원히 살게 되어 있다. 이는 마치 그리스의 영웅 메넬라오스(Menelaos)가 '세상 끝에 있는 엘리시안 평야에 보내져

---

  4) 심연. 땅 밑에 있던 태초의 바다. 후에 창조 설화《에누마 엘리시》에 의하면 잔잔한 물이 바다의 사나운 파도와 구름으로 여겨지는 제3의 물과 합해져 여기에서 최초로 신들이 태어난다. 에아가 깊이 잠든 중에 '이야기한' 것을 들어 보면 압수의 물은 움직이지 않는 기반을 갖고 있는 것으로 되어 있다.

사람이 가장 살기에 좋은 곳, 눈도 오지 않고 폭풍도 불지 않으며 비도 오지 않는 곳, 그러나 매일 선선한 서풍이 불어와 온 무리를 새롭게 만드는 곳에서 붉은 머리의 라다만토스(Rhadamanthos)와 살게 된 것'과 같다. 니푸르에서 발굴된 토판 중에는 딜문에 대한 상당히 오래 된 기록도 있었다. 그것은 아직 세상이 자리잡히지 않고 창조 작업이 시작되기 전에 딜문이 어떤 곳에 있었는가를 기록하고 있다. 그곳은 "까마귀의 소리도 들리지 않고, 죽음의 새도 울지 않으며, 사자가 날뛰지 않고, 늑대도 양을 훔치지 않으며, 비둘기가 슬퍼하지 않고 과부도, 아픔도, 늙음도, 슬픔도 없는 곳이다."

길가메시가 뱃사공을 만나고 배를 띄우는 내용은 최근에 다시 약간의 자료를 보충하였음에도 불구하고 상당히 모호한 부분으로 남아 있다. 어떤 벽화에는 길가메시와 우르샤나비로 여겨지는 두 사람이 뱀 모양의 배를 타고 가는 모습이 그려져 있다. 이 뱀 모양의 배는 아마도 길가메시와 뱃사공이 만나는 동안에 언급되는 뱀을 나타내는 것일 것이다. 그러나 길가메시가 조급하게 부숴버린 '돌로 된 물건'들은 아직 밝혀지지 않은 채 남아 있다. 다만 이것을 부숴 버림으로 말미암아 삿대를 쓸 수 밖에 없었으며, 이것은 어떤 의미에서 '날개', 혹은 '날개 달린 형상이나 존재'들과 관련이 있다는 것밖에는 알 수 없다. 그러나 이것들은 1966년 새 자료에 대해 갓 교수가 논평한 대로 "현재로선 그 비밀을 그대로 간직하고 있다"고 볼 수밖에 없다.

'지혜 문학적'인 분위기에서 길가메시와 우투나피시팀의 만남은 이루어진다. 그 내용은 시두리가 쾌락을 권하듯 우투나피시팀이 길가메시에게 비록 침울한 목소리이지만 땅 위의 운명에 순응해 살도록 이끄는 것이다. 이어서 우투나피시팀은 홍수에 대해 이야기해 준다. 이 부분은 앗시리아 번역본 중 3백 줄이나 넘게 잘 보존된 부분이다. 이미 앞에서 길가메시와 관계 없는 다른 사료(史料)들을 언급한 적이 있다. 수메르의 홍수 설화에서는 지우수드라가 노아나 우투나피시팀 대신 등장하고 있으며 고대 바빌로니아에도 아트라하시스(Atra-hasis)라는 인물이 있었다. 〈창세기〉에 기록된 내용과 길가메시의 토판 내용은 상당한 유사점을 갖고 있다. 그러나 동시에 중요한 차이점도 있다. 〈창세기〉에는 도시의 이름이 나오지 않으나 여기에서는 슈르루곽이란 이름이 명기되고 있다. 이 도시는 현재의 화라이며, 수메르의 도시 국가 중 으뜸가는 위치를 차지하던 초기의 도시 국가 중 하나이다.

열한 번째 토판의 이야기는 신들의 모임에서 시작된다. 이런 모임은 언제나 인간들에게는 반가운 것이 못 되었다. 여기서도 예외는 아니었다. 왜 신들이 인간을 멸망시키기로 갑자기 결정하게 되었는지 그 원인에 대해서는 아무런 설명도 찾아볼 수

없다. 아마 〈창세기〉와 같은 원인일지도 모른다. "땅은 신들 앞에서 죄를 지었다. 그리고 땅은 폭력으로 가득 찼다."〈창세기〉에는 '죄 위에 자기 죄를 더 쌓는'이란 말이 나온다. 수메르의 설화에서는 인간, 식물과 동물의 창조, 왕권의 확립, 신들에게 드리는 예배 제도 등에 대한 이야기 뒤에 홍수를 언급하고 있다. 그런데 여기에도 많은 부분이 빠져 있어 신들의 진노와 인간이 홍수로 멸망하게 된 동기는 알 길이 없다. 가장 무난한 해석은 작은 강들의 범람과 관개(灌漑)와 관련시켜 생각하는 것이다. 길가메시의 열한 번째 토판에서와 같이 신들이 두 편으로 나뉘는 대목에서부터 이야기를 제대로 파악할 수 있다. 여러 다른 홍수 설화가 산재해 있었지만, 기원전 2천년경에 씌어진 고대 바빌로니아의 아트라하시스보다 오래 된 것은 없다고 생각된다. 이 시에서는 홍수가 인간을 멸절시키려는 의도로 계획되어 가뭄, 전염병, 기근에 뒤이어 나오는 것으로 되어 있다. W.G. 램버트(Lambert)와 A.R. 밀라드(Milard)가 편집한 내용을 보면 다음과 같은 구절이 있다.

> 아직 1천 2백 년도 채 지나기 전
> 땅은 확대되고 사람들은 불어나
> 땅은 황소처럼 울어대었다.
> 신은 그 소란으로 어지러웠다.
> 엔릴이 그 소란을 듣고……

(아트라하시스의) 세 번째 토판에 기록된 홍수 묘사는 길가메시의 열한 번째 토판의 내용과 너무도 비슷하다. 후자가 전자를 모방했거나 아니면 상실돼 없어진 다른 중앙 바빌로니아 교정본을 참작했을 가능성도 있다.

길가메시의 홍수 이야기 중에는 이시타르와 엔릴이 홍수를 주장하는 것으로 되어 있다. 전쟁의 여신 이시타르가 자기에게 맡겨 줄 것을 주장하였으나 폭풍의 무기를 가진 엔릴이 결국 파괴권을 얻게 된다. 오직 탁월한 지혜를 가지고 있던 에아만이 이에 참석하지 않았으며, 참석했어도 조용히 있으면서 교묘한 방법으로 인간 중의 하나라도 살려주기로 마음먹는다.

공포의 대파괴는 신들까지도 떨게 만들었다. 엔릴이 공포의 폭풍뿐 아니라 지하 세계의 아눈나키로 하여금 번개를 치게 해서 파도를 일으켰기 때문이다. 폭풍에 대한 묘사는 〈창세기〉의 기록보다 더 자세하고 인상적이다. 폭풍의 신이 말을 타고 오는 소리는 천둥 소리처럼 들려온다. 특히 검은 구름이 지평신으로부터 올라오고 있는 장면을 좀더 잘 이해하려면 〈시편〉과 비교

 할 필요가 있다. "하늘을 기울여 내려오시니, 시커먼 구름이 발 아래 감돌았나이다. 케루빔을 타고 날으시며 바람의 날개 위를 지치셨나이다. ……찬란한 빛이 당신 앞에 있어 그 힘으로 숯덩이에 불이 붙나이다. 주님이 또한 하늘에서 우렛소리를 내시었나이다……." (〈시편〉 제 18편 10~14절)

 배를 만들고, 짐승들을 싣고, 홍수가 내리며, 그 후에 새를 날리는 것과 제사 지내는 것 등이 성서의 이야기에서와 같은 순서로 진행된다. 그러나 '노아를 기억하시는' 하느님은 혼자 외롭게 있는 반면, 앗시리아 시에서의 신들은 수메르의 이야기에서처럼 아직도 분파적이고 혼동되며 미숙한 상태에 있다. 실제로 혼돈과 파괴의 세력은 걷잡을 수 없는 상태에 이르렀다. 너무 지나쳤다는 느낌이다. 신들도 자신들의 행동이 초래한 결과에 놀란다. 애초의 목적과 행동으로 나타난 결과 사이의 모순을 느낄 수밖에 없었다. "땅이 있는 한 씨뿌릴 때와 거둘 때, 추울 때와 더울 때, 여름과 겨울, 낮과 밤이 그치지 않으리라" 하고 노아에게 준 하느님의 복된 약속 대신 여기에서는 파리들처럼 젯상 위를 날아다니는 역겨운 장면을 볼 수 있다. 무지개의 약속 대신 단지 이시타르가 자기 목걸이에 대고 "다시는 이날을 잊지 않으리라!" 하고 외쳤을 뿐이다. 그러나 이 말은 신들 중 가장 거칠다고 알려진 전쟁의 여신이 한 말이다. 또한 우투나피시팀, 아트라하시스, 지우수드라와 그의 가족이 얻은 영원한 생명과 반신적인 지위는, 노아를 통해 모든 인간이 불안으로부터 휴식을 얻으리라는 하느님의 계약과는 내용이 다르다. 메소포타미아인들이 심리적으로 불안의 사고(思考) 속에 있게 된 이유는 인간은 항상 불안 속에 살아야 한다는 생각, 즉 계약의 부재(不在) 때문이라고 할 수 있다.

홍수 설화는 《길가메시 서사시》에 삽입된 독립적인 시이다. 홍수 이야기가 끝나면 먼저 이야기로 돌아오게 된다. 그러나 이 이야기는 지금까지의 여러 사건들처럼 길가메시가 추구하는 것이 헛된 것임을 깨우쳐 주려는 의도를 가지고 있는 것 같다. 영웅에게 그 이상의 기대를 걸 수도 있었겠지만 그것은 불가능한 일이었다. 그가 도전을 받아 시험 중에 있을 때 그는 더 이상 깨어 있을 수 없었다. 젊음의 샘에서 몸을 씻고 낡지 않는 옷을 얻어 입었으나 그는 자기 몸보다 더 오래 사는 옷을 입는 역리(逆理)를 경험하게 된다. 바다 밑까지 들어가 갖은 고난을 겪으며 젊음을 소생시키는 꽃을 얻지만 다시 잃어버리고 만다. 이것이 이 이야기의 마지막 교훈이다. 이 이야기의 자료는 확실치 않으나 껍질을 벗는 뱀에는 다른 주석이 필요없다. 또한 그 꽃의 이름과 '뱀 껍질', 즉 털피하고 닌 뱀의 가죽이라 불리는 계피나무 껍질과는 언어학적인 관련이 있다고 본다.

해설/《길가메시 서사시》의 영웅 서사시적 가치 171

왜 길가메시는 즉시 그 꽃을 먹고 젊음을 소생시키지 않았을까? 그것이 단지 자기 백성들에게 가져가 노인들에게 주어 그들이 다시 힘을 얻게 하려는 이타적(利他的)인 사랑 때문이었을까? 그렇지는 않을 것이라고 본다. 길가메시는 가까스로 얻은 불멸의 약을 몰라본 것은 아니다. 오히려 이 사건은 단순하지 않은 의미를 내포하고 있다. 그것은 인간의 운명을 그대로 순순히 받아들이기를 거부하는 그의 행위를 분쇄하려는 의도를 가지고 있다. 길가메시가 바란 것은 이시타르 여신이 주었음직한 영원한 자연의 소생도 아니며, 우투나피시팀에게 허락된, 늙음에서 도피해 안일하게 사는 은둔도 아니었다. 오히려 영웅적인 행위를 하면서도 하늘의 신들처럼 땅에서 영광을 누리며 이 땅 위에서 영원한 생명을 얻는 것이었다. 결국 왕인 길가메시도 다른 인간들과 다를 게 없다는 보편적인 진리를 반복한 것은 아주 당연하다고 본다. 뱀이 물속으로 사라진 뒤에야 그는 마침내 자기가 찾아 헤매던 것이 시두리의 말대로 '바람'이었음을 인정하게 된다. 모험은 끝났다. 이제 집으로 돌아가는 것만 남아 있다.

 귀환은 간결하게 표현되어 있다. 별다른 설명도 없다. 그는 투쟁과 모험을 끝내고 모든 것이 출발하던 때와 다를 게 없는 우룩의 성벽에서 마치 상을 받고 답례하듯 성벽을 찬양하게 된다. 우리가 얻으려 했던 찬란한 것들 — 젊음, 영원한 삶, 죽은 친구 — 은 모두 사라졌다. 이 대단원은 "비극이나 카타르시스의 감정도 없이 조소 가운데 불만인 채 끝나게 되었다"고들 말한다. 그러나 나는 이런 결론에 동의할 수 없다. 왜냐하면 이것이야말로 대단원이며, 실제로 있었던 일들이며, 나름대로 트로이 성벽 아래에서의 헥토르(Hektor)의 최후와 비교될 수 있기 때문이다.

 나머지 길가메시의 죽음에 대한 부분은 수메르의 자료에만 보존되어 있다. 그것은 장례식에서 볼 수 있는 화려한 하관식(下棺式)이나 슬픈 통곡은 아니지만 웅장한 애가(哀歌)일 수는 있다. 그것은 우르에서 왕의 묘지를 발굴할 때, 왕이 죽어 '다시 돌아올 수 없는 곳'으로 들어가면서 지하 세계의 신들에게 바쳤던, 즉 떡과 술, 선물, 돈, 의복 등 호화스런 장례 도구들이 쏟아져 나오던 그런 장면이었다.

8. 복구(復舊)

 위의 이야기는 지난 세기에야 비로소 복구되었다. 니느웨는

기원전 6백 12년 메데스(Medes)와 바빌로니아의 연합 군대에 의해 정복되어 다시는 일어설 수 없도록 처절한 파괴를 당하였다. 게다가 앗수르바니팔의 도서관은 앗시리아 수도의 자갈 밑에 파묻히고 말았다. 앗시리아의 후기 왕조는 주위 민족들에게 환영받지 못하였다. 히브리 예언자 나훔(Nahum)도 "전차들이 거리를 질주하고 그들은 넓은 길에서 서로 밀며 찌르리라. 그들은 마치 횃불처럼, 번개처럼 달리리라…… 니느웨는 폐허가 되었나니…… 누가 니느웨를 위하여 울겠는가?"(〈나훔〉제 2 장 1~3절, 7절) 하여 '니느웨의 압박' 밑에 있으면서도 그 갑작스런 멸망에 놀라는 심정을 토로하고 있다.

이 기원전 7세기야말로 고대 근동 지방에서 우룩의 〈길가메시 서사시〉같은 위대한 문학이 완전히 사라질 최후의 순간이 되었을지도 모른다. 홍수 설화는 독립적인 설화가 되었다. 성서 기록자는 유세비우스(Eusebius)가 말한 대로 기원전 3세기의 베로쑤스로부터 홍수 설화를 인용하면서, 놀라울 정도로 전혀 변형시키지 않고 거의 그대로 기록하고 있다. 바빌로니아에서는 다른 어느 곳에서보다 전체 서사시의 전통이 더 오래 지속되었을 것이다. 그리고 그 복사판은 니느웨가 멸망하고 난 뒤에도 계속 알려져 왔을 것이다. 그러나 이 이야기는 민간 설화를 통해서 시간을 초월해 존속할 수 있었다. 서기 2백년경 아엘리안(Aelian)은 페르세우스(Perseus)나 키루스(Cyrus)와는 다르지만 바빌론의 왕 길가모스(Gilgamos)와 그의 탄생에 대해 그리스어로 기록하고 있다. 여러 단편들이 중세 페르시아의 민간 설화나 그 밖의 더 넓은 지역에 분포되어 있었던 것으로 여겨진다. 그러나 이것으로도 시가 복구되기에는 아직 일렀다. 근동 지방이나 지중해 지방의 고대 기록들 속에서는 서사시에 대한 뚜렷한 증거를 찾아볼 수 없다.

이렇게 이야기가 기억 속에서 사라진 이유 중 하나는 이 시를 기록한 문자가 쐐기 모양의 문자여서 지중해 세계의 새 시대에서는 관심 밖의 것으로 사라져 버린 데 있다. 아직 발견되지 않고 있지만 아람(Aram)어로 된 자료가 있을지도 모른다. 페르시아인들은 자기들의 고대 문자를 사용함으로써 그들의 적(원주민)이 가지고 있던 역사와 설화에는 별 관심을 두지 않고 자기들 나름대로의 문학을 가지고 있었다. 히브리인들에게도 조심스럽게 발췌한 몇몇 자료를 제외하고는, 앗시리아나 바빌로니아인들과 관계된 모든 것을 잊어버리려는 충분한 이유가 있었다. 더우기 니느웨가 멸망하던 시기는 바로 새로운 형태의 서사시와 노래가 알파벳에 의해 기록되기 시작하던 때였다. 그러나 기원

 전 7세기의 그리스 서정시가 현대적인 것이라 하더라도 그리스의 서사시는 아직도 부분적으로나마 고대 우룩의 길가메시와 같은 설화의 세계에 속하는 것이다. 《오디세이아》의 시인은 길가메시의 이야기를 변형된 형태로가 아닌 그대로 직접적으로 들었을 가능성이 역사적으로 충분히 있다. 당시에는 이미 이오니아(Ionia)와 그외의 섬들에서 오는 선박들이 시리아의 해안을 왕복하고 있었다. 알미나(Al Mina)나 타르수스(Tarsus)에서는 그리스인들과 앗시리아인들 사이에 서로 접촉이 있었다.
 앗수르바니팔이 니느웨에서 《일리아스》를 읊는 그리스인의 이야기를 들었으리라는 것은 불가능한 추측은 아니나 그랬을 것 같지는 않다. 최근 고대 그리스와 서아시아의 신화나 설화 사이에 있는 차이점에 대한 고찰이 이루어지고 있다. 그러나 여기에서는 학술적인 논쟁은 피하겠다. 길가메시가 오딧세우스의 원형(原型)이냐, 아니면 그 반대냐 하는 것은 다루지 않겠다. 중

요한 것은 어느 것이 먼저이고 어느 것이 모방이냐가 아니라 둘 사이에서 풍겨 나오는 비슷한 분위기이다. 그리스의 고대 시인이나 앗시리아의 서기관들이 활동하던 기원전 7~6세기의 세계는 제한되어 있는 것이어서 그들이 접촉했을 가능성은 충분히 있다. 그리고 그리스 상인들과 투사들이 여행과 무역을 통해 서로 이야기를 교환했을 가능성도 있다. 특히 청동기 시대의 미케네(Mycenae)인들과 아나톨리아의 힛타이트족과 접촉했을 가능성도 있다. 그러므로 길가메시, 엔키두, 훔바바가 호메로스나 헤시오도스의 시에 표현된 신들의 세계와 《오디세이아》에서 보이는 신과 인간이 함께 사는 세계에 살았다는 것은 어색하지 않다. 그들의 공연 무대는 신들과 반신(半神)들과 인간들이 심연과 대해로 둘러싸인 땅 위에서 사이 좋게 함께 사는 그런 세계이다. 이들은 호메로스의 영웅이나 우룩의 길가메시처럼 인간의 운명을 타고난 미묘한 분위기에서 잘 나타난다.

후에 지중해 지방의 종교, 특히 영지주의(靈智主義)적인 신앙에서 지하 세계와 관련된 바빌로니아 신들과 그들의 우주의 모습을 찾아볼 수 있다. 마찬가지로 신들뿐 아니라 영웅들도 동쪽으로 서쪽으로 변형되면서 확장되어 나갔다. 길가메시는 중세기 알렉산더에게도 알려졌고, 그의 모험 중 일부는 소설화되었다. 따라서 사이논(Cynon), 오엔(Owen)과 아이벤(Ivain), 참나무와 이끼로 덮인 북쪽 겨울 숲을 지나 '녹색 사원'을 찾아 떠나는 가웬(Gawain), 물 아래로 내려가는 길목인 우물에서 '야만인'과 싸우는 데르봇(Dermot)의 이야기 밑바닥에는 수메르의 생명의 나라, 향나무 숲, 은산(銀山), 아마누스, 엘람, 레바논의 숲에 대

한 관념이 깔려 있다고 볼 수 있다. 이 이야기들은 중세기 궁중 설화와 켈트족의 설화 및 고대 수메르의 음유시에까지, 어쩌면 이야기의 발단에까지 소급될 수도 있을 것이다. 오디세우스도, 삼손도, 헤라클레스도, 데르못도, 가웬도 수메르의 영웅은 아니나 길가메시가 없었다면 이들의 얘기가 지금까지 전해 내려오지 못했을 것이라고 생각할 수도 있다.

오늘날의 세계는 위대한 왕, 세계의 제왕, 앗시리아의 앗수르바니팔 당시와 유대의 나훔 당시, 어쩌면 그리스도가 태어나기 3천 년 전 전쟁과 모험을 즐기던 우룩의 길가메시 왕 당시와 같은 불안과 폭력의 시대이며 앞날이 어떻게 될지 모르는 불안의 세계이다. 다른 것이 있다면 그것은 우리에게 있어서 '소용돌이

치는 파도의 조류'가 평평한 수평선이 끝나는 곳에 있는 것이 아니라, 망원경을 통해서도 볼 수 없는 도저히 잡히지 않는 암흑 속에 있다는 것이다. 우리의 세계가 아무리 크다 할지라도 그것은 우리가 알지 못하는 심연과 창공의 바다로 둘러싸여 있는 것이다. 우리에게도 마찬가지로 '시계(時計) 속에 숨어 있는 악마'가 있다. 우리도 결국 '긴 여행을 한 후 피곤하고 지쳐서 돌 위에 모든 일을 기록하려고 돌아오는' 길가메시처럼 우리가 출발한 바로 그 자리로 돌아올 수밖에 없을 것이다.

1959(1972)년* 7월
N. K. 샌다즈

---

* 1959년은 샌다즈가 판독하여 초판을 발행한 연도이며 1972년은 4판(수정판)을 나타낸다.

옮긴이 이현주

아동문학가. 서울감리교 신학대학 졸업.
대한기독교서회 편집부 근무. 크리스천아카데미
간사 역임. 대한성서공회 공동번역 문장위원.
저서로는 《동화집》(3권), 《예수와 죽음》(수필집)
등이 있으며, 역서로는 《천로역정》이 있음.

길가메시 서사시

발행일 | 초판 1쇄 발행 - 1978년 12월 10일
　　　　　2판 1쇄 발행 - 1989년 1월 30일
　　　　　3판 1쇄 발행 - 1997년 12월 20일
　　　　　4판 1쇄 발행 - 2000년 6월 20일
　　　　　4판 14쇄 발행 - 2021년 10월 10일

지은이 | N.K. 샌다즈　　**옮긴이** | 이현주
펴낸이 | 윤형두　　　　**펴낸곳** | 범우사
교　정 | 장웅진　　　　**편　집** | 김지선

등록번호 | 제406-2003-000048호(1966년 8월 3일)
　　　　　　(10881) 경기도 파주시 광인사길 9-13 (문발동 525-2)
대표전화 | 031-955-6900　　**팩　스** | 031-955-6905
홈페이지 | www.bumwoosa.co.kr　**이메일** | bumwoosa1966@naver.com

ISBN 89-08-01042-4 04890
　　　89-08-01000-9 (세트)

* 책값은 뒤표지에 있습니다.
* 잘못된 책은 바꾸어드립니다.